Pastoral
da Esperança

Dados Internacionais de Catalogação na Publicação (CIP)
(Câmara Brasileira do Livro, SP, Brasil)

Pastoral da esperança : um subsídio pastoral, bíblico e psicológico / Alberto Marini (org.). – Petrópolis, RJ : Vozes, 2024.

ISBN 978-85-326-6932-2

1. Esperança – Aspectos religiosos – Cristianismo 2. Fé (Cristianismo) 3. Pastoral – Cristianismo I. Marini, Alberto.

24-222111 CDD-253.7

Índices para catálogo sistemático:

1. Pastoral : Cristianismo 253.7

Tábata Alves da Silva – Bibliotecária – CRB-8/9253

FREI ALBERTO MARINI, O. CARM. (ORG.)

Pastoral da Esperança

Um subsídio pastoral, bíblico e psicológico

EDITORA VOZES

Petrópolis

Rua Frei Luís, 100
25689-900 Petrópolis, RJ
www.vozes.com.br
Brasil

Editoração: Anoar Jarbas Provenzi
Diagramação: Editora Vozes
Revisão gráfica: Fernando Sergio Olivetti da Rocha
Capa: Lara Gomes

ISBN 978-85-326-6932-2

Este livro foi composto e impresso pela Editora Vozes Ltda.

Sumário

Bloco bíblico
Luto e esperança nas Sagradas Escrituras, 39

Bloco psicológico
O sofrimento existencial e o luto: contribuições da Psicologia, 73

Apresentação

O que dizer aos pais em um velório de seu único filho de 6 anos que foi vítima de um acidente doméstico banal? Como se portar nas exéquias de um homem de meia-idade no qual o clima está pesado para além do normal devido à presença de duas mulheres e filhos que se apresentam como sua família? Como vivenciar o luto junto à Pastoral de Adolescentes de sua paróquia, quando os adolescentes se reúnem na capela mortuária para chorar a partida de seu colega de grupo que participara no sábado do encontro e da missa de domingo com eles e foi encontrado morto, vítima de suicídio, na segunda-feira? Essas e outras tantas situações já vivenciadas e tantas outras ouvidas nos levam a ter a convicção da relevância do tema do luto e da esperança para nossos contextos pastorais.

Não somos capazes de mensurar o que uma pessoa está sentindo. Somente a pessoa mesma sabe quanto sofrimento a perda daquele ente querido está lhe causando. Há uma distinção relevante da área da saúde importante para nós: a diferença entre a dor e o sofrimento. A dor é perturbação, uma sensação no corpo e que necessita de tratamentos, medicamentos e analgésicos para resolver. Já o sofrimento atinge a pessoa por inteiro, como um sentimento de angústia e vulnerabilidade e, por isso clama por sentido. Desse modo, as pessoas que são agentes da Pastoral da Esperança não buscarão sanar a dor, mas amenizar o sofrimento das pessoas enlutadas.

Não há uma receita pronta para ajudar quando a pessoa está sofrendo. Com o próprio Jesus, encarnado na história do povo de Deus (cf. Ex 3,7-10; Lc 4,16-21), aprendemos a importância do *estar com*, de ser presença, de estar ao lado de quem está sofrendo. A pessoa com tais atributos é portadora de amor e esperança. É uma presença qualitativa e transformadora. Há realidades muito concretas em que Jesus lidou com a morte física e o sofrimento por conta da perda (sem contar outros tipos de morte que enfrentou): Jairo (cf. Mc 5,21-43), a viúva de Naim (cf. Lc 7,11-17), as irmãs de Lázaro (cf. Jo 11,1-46) etc. Nesses casos todos, Jesus, para além de mudar a sorte da pessoa que estava em situação de morte, teve compaixão dos que choravam a partida de seus entes queridos.

Podemos recordar também a bela passagem de Emaús, na qual os discípulos estão vivenciando seu luto: eles estão tristes. O grande papel de Jesus é colocar-se junto deles. Dessa forma, eles perceberão a sua presença não mais física, mas na memória viva do coração (cf. Lc 24,13-35). Em cada um dos contextos, Jesus acolheu o sofrimento de alguém, sendo sinal de esperança. Nisto consiste o grande e inestimável serviço da Pastoral da Esperança: ser sacramento da presença!

Pastoral da Esperança: um subsídio pastoral, bíblico e psicológico cumpre a tarefa de ser uma referência pastoral sobre o tema do luto e de sua vivência no contexto eclesial. Não é um livro de receitas, mas sim de reflexão e aprofundamento. Parte-se de uma visão antropológica do ser humano criado por Deus, marcado pela finitude e convidado a pôr a sua esperança na ressurreição de Cristo. O livro que você está tomando em mãos poderá lhe ajudar muito, tanto como um auxílio teológico e pastoral quanto como um caminho para compreender algumas características da vivência do luto.

Na perspectiva pastoral, partindo da realidade, Frei Alberto Marini, O. Carm., no primeiro capítulo, e Frei Everton Ramos Cláudio, O. Carm., no segundo, apresentam o que é a Pastoral da Esperança. Além de uma fundamentação teórica, encontraremos, no primeiro capítulo, alguns relatos da bonita experiência que se tem vivenciado em um dos bairros mais populosos da capital paranaense, o Bairro Novo, na Paróquia Profeta Elias. No segundo, encontraremos elementos práticos para a criação e desenvolvimento da Pastoral da Esperança em uma paróquia. Em relação à orientação sobre o comportamento em ambientes fúnebres, encontramos, no terceiro capítulo, de Adriane Werner; a autora nos coloca diante de situações muito práticas e que necessitam de bom-senso e de uma comunicação adequada diante da experiência do luto que a outra pessoa está vivendo. Ao finalizar essa parte, sinta-se convidado a fazer uma memória das pessoas que estiveram ao seu lado nos momentos de luto vivenciados.

Na perspectiva da teologia bíblica, Rodrigo de Andrade Costa apresenta a experiência que o ser humano faz muitas vezes de um aparente silêncio de Deus: Qual é, então, o rosto de Deus que nos é apresentado? Em seguida, com o capítulo de Marcelo Lessa, observamos alguns cenários do Antigo Testamento em que o ser humano se sente abandonado. Por fim, Natasha Ribeiro reflete sobre o tema da esperança. Ao ler esses capítulos, retomando os textos bíblicos, encontramos um convite para perceber e rezar como Deus se revela em nossa história de vida.

Nos capítulos seguintes, o leitor encontrará uma análise do luto na perspectiva psicológica. Os autores Adeílson Medeiros Moura Costa, Cloves Antonio de Amissis Amorim e Wallisten Passos Garcia apresentam alguns conceitos importantes e que fazem parte da dinâmica do sofrimento humano. Dando continuidade, o capítulo de Cloves Antonio de Amissis Amorim e de Pedro Henrique Hamdar de Oliveira explora as fases do luto, oferecendo uma excelente compreensão desse processo, identificando as necessidades das pessoas nos diferentes momentos de sua vivência. Essa parte do livro nos coloca em contato com a nossa finitude e os processos de luto.

Ao final dessa apresentação, queremos parabenizar ao jovem frade carmelita Frei Alberto Henrique Ferreira Marini por sua bela iniciativa de reunir um grupo tão seleto para a redação desta obra. Ela surgiu da realidade e necessidade pastoral concreta, como um serviço de aprofundamento do tema da esperança cristã diante do contexto do luto. Ela vem cheia de vida porque anseia por romper as barreiras da obscuridade, que muitas vezes separa a vida e a ciência, a pastoral e a teologia, as vivências e a psicologia etc. E esta obra foi possível por conta das autoras e dos autores que acreditaram no projeto. Por isso, queremos agradecer a elas e a eles, que, com tanta prontidão e esmero, dedicaram-se e compartilharam seus saberes e experiências nestas páginas.

A você, que iniciará a leitura, esperamos que a faça com esperança e vigor. Que ela possa ajudá-lo/a a crescer cada vez mais na consciência da presença de Deus na caminhada de seu povo e de que, geralmente, o que se pode oferecer de melhor a uma pessoa que está sofrendo é a presença fraterna, acalentadora, atenta, amiga, acolhedora… Que a Virgem do Carmo, a "Mãezinha do Céu", nos seja uma presença de esperança, sobretudo nos momentos difíceis da vida.

Frei Edimar Fernando Moreira, O. Carm.
Conselheiro para a Formação Carmelitana
Solenidade do Profeta Elias
Curitiba, 20 de julho de 2023

Prefácio

Muito feliz a iniciativa de publicar um opúsculo sobre a Pastoral da Esperança! É tão comum ouvir pessoas expressando os seus sentimentos diante da morte de um ente querido com aquela expressão: Que perda irreparável! Expressão muito humana, mas talvez não muito cristã.

Por sua vez, nos diz o Apóstolo São Paulo: "Para mim, o viver é Cristo, e o morrer um lucro!" (Fl 1,21). São coisas de santos, pois eles pensam de forma diferente e nos ensinam a pensar diferente. Santa Teresinha do Menino Jesus, ainda bem pequenina, abraça a mãe Zélia e exclama: "Mamãe, queria tanto que você morresse!" Todos ficam admirados e lhe perguntam o porquê daquele desejo estranho. E eis a resposta da santa: "É que uma pessoa tão boa só pode merecer o céu!"

Associar a morte com a saudade é algo humano. Mas o olhar cristão a percebe para mais além, com aquela esperança que não se confunde. A virtude teologal da esperança está radicada na virtude da fé. É o que fazia o Apóstolo Paulo afirmar: "Sei em quem acreditei e estou certo de que ele é poderoso para guardar até àquele dia o que foi confiado" (2Tm 1,12). Talvez um eco aperfeiçoado daquelas palavras de Jó: "Sei que meu Redentor está vivo e que, no fim, se levantará sobre o pó" (Jó 19,25).

"Na esperança somos salvos" (Rm 8,24), graças ao mistério da ressurreição de Cristo. Essa é a formulação central da esperança cristã. O *Catecismo da Igreja Católica* afirma que "o cristão que une a sua própria morte à de Jesus vê a morte como um caminhar ao seu encontro e uma entrada na vida eterna". É a profissão de nossa fé, que gera a esperança: "Creio na comunhão dos santos, na remissão dos pecados, na ressurreição da carne, na vida eterna!" Certeza que faz o Apóstolo Paulo exclamar: "Quem nos separará do amor de Cristo? Tenho certeza de que nem a morte, nem a vida, nem os anjos nem os principados, nem o presente nem o futuro, nem as potestades, nem a altura, nem a profundeza, nem outra criatura qualquer será capaz de nos separar do amor de Deus, que está em Cristo Jesus, nosso Senhor!" (Rm 8,38-39).

"A certeza que vive em mim é que um dia verei a Deus!" Essa esperança Ir. Míria Kolling cantou e pregou . Ela adiantou-se para vivê-la no céu, mas nos deixou o belo canto, que ainda é entoado nas celebrações da esperança. No Jubileu "Peregrinos da Esperança", que será celebrado no ano de 2025, somos chamados a pautar nossa vida a partir da nossa fé na ressurreição, procurando ter em nós os mesmos sentimentos de Cristo Jesus. Nesse sentido, a Pastoral da Esperança leva-nos a estar ao lado dos que sofrem pela partida dos entes queridos, sendo ao mesmo tempo anúncio da grande Boa-nova, assim expressado por Jesus: "Eu sou a ressurreição e a vida. Quem crê em mim, ainda que tenha morrido, viverá. E todo aquele que vive e crê em mim jamais morrerá!" (Jo 11,23-26).

Aqui já podemos vislumbrar a importância da esperança no âmbito pastoral, quando, diante do risco iminente da morte de alguém, o ser humano compreende que acompanhar alguém em sua travessia pascal é sempre compartilhar algo vital: a própria fé, a memória de Deus, a experiência da busca existencial. Esse acompanhamento sempre envolve um encontro de pessoas, pois não é apenas uma troca de ideias; envolve um dinamismo emocional constituído de participação, contato, proximidade, mas também de distância. A busca que o ser humano realiza não se encerra no momento da morte, pois, para entendermos o sentido da vida, precisamos despertar para o sentido da morte. Talvez algumas pessoas só comecem a compreender a trajetória da vida quando estão diante da realidade da morte.

Na liturgia, cantamos o salmo do Bom Pastor: "O Senhor é o Pastor que me conduz, não me falta coisa alguma. Pelos prados e campinas verdejantes Ele me leva a descansar [...] Mesmo que eu passe pelo vale tenebroso, nenhum mal eu temerei; estais comigo com bastão e com cajado; eles me dão a segurança!" (cf. Sl 23). Certamente, deve ser humanamente temível a travessia desse "vale tenebroso", mas a certeza da fé nos afirma que Jesus, o Bom Pastor, caminha à nossa frente.

Ao fazermos a leitura deste livro, tenhamos a certeza de que nada nos amedrontará, pois permanece conosco a necessidade de celebrar a vida e a esperança na imortalidade do nosso ser, que, a partir da graça batismal, já nos introduz na eternidade de Deus. Em uma palavra, é a certeza da fé que faz crescer em nosso coração a esperança na feliz ressurreição!

Dom Paulo Cardoso, O. Carm.
Bispo emérito da Diocese de Petrolina (PE)

Frei José Adriano Gomes da Silva, O. Carm.
Mestre em Teologia Moral pela Universidade Lateranense de Roma

Bloco pastoral

A dimensão missionária, organizacional e comunicativa da Pastoral da Esperança

1
Identidade e a missão da Pastoral da Esperança

Frei Alberto Marini, O. Carm.[1]

Neste capítulo, buscaremos dar razões para a importância e a missão da Pastoral da Esperança na realidade eclesial. Para isso, apresentaremos ao leitor alguns documentos ou diretrizes da Igreja que abordam de forma específica informações importantes sobre essa pastoral. Antes, porém, iremos explorar a identidade e a missão desempenhada por essa pastoral na realidade eclesial, tendo como fundamento a pessoa de Jesus Cristo. Ao longo deste capítulo nos reportaremos a alguns relatos e testemunhos de alguns agentes da Pastoral da Esperança, visando ilustrar as experiências marcantes e significativas dos que atuam nessa pastoral.

1.1 Significado e missão da Pastoral da Esperança

A morte de uma pessoa querida geralmente causa um sentimento de dor e vazio para aqueles que permanecem, além de ser uma experiência traumática. Às vezes, podem ser sentimentos que expressam uma saudade, culpas ou gratidão relacionadas à pessoa que partiu de forma definitiva. Tal sentimento pela perda de alguém não é algo que possa ser mensurável, mas é único para cada pessoa. Ninguém está preparado para enfrentar situações de luto, pois é uma dor inevitável, mas que não se espera ter.

A morte se revela ao mesmo tempo como uma "amiga indesejável" e como a única certeza da vida. Porém os familiares e amigos não estão abandonados ou desamparados, pois a Igreja busca oferecer o consolo necessário durante esse momento difícil por meio

1. Frade carmelita do Comissariado Geral dos Carmelitas do Paraná. Licenciado em Filosofia pela Pontifícia Universidade Católica do Paraná (PUC-PR). Atualmente, é bacharelando do Curso de Teologia do Centro Universitário Claretiano – Studium Theologicum.

das ações desenvolvidas pela Pastoral da Esperança. No relato da agente da Pastoral da Esperança, que atua na cidade de Curitiba, Ivanete Ferreira Kerkhoven, "um ponto importante dessa pastoral é se tornar coparticipativo na vida do outro em um momento de tristeza, dor e sofrimento por causa do luto. Essa pastoral mostra ainda o quanto precisamos um do outro ou o quanto nos sentimos enfraquecidos diante da perda de um ente querido".

Partindo dessa compreensão da agente, encontramos na Exortação Apostólica *Evangelii Gaudium*, que trata da alegria do Evangelho, o destaque dado pelo Papa Francisco à necessidade de um acompanhamento pastoral às famílias que sofrem com a perda de seus entes queridos. Para isso, dentro do contexto das arquidioceses e dioceses, no caso específico do nosso território brasileiro, há um empenho em se organizar pastoralmente para o atendimento das famílias enlutadas, contribuindo para isso as diretrizes que norteiam esse importante trabalho. Para tanto, a Pastoral da Esperança tem uma identidade e uma missão muito significativa nesse campo eclesial, oferecendo a essas famílias uma presença acalentadora para acolher o sofrimento e auxiliar para que se renove a esperança e para que não se sintam sós. Seria como se se reportasse às famílias enlutadas da seguinte forma: "Eu estou junto com você. Conte comigo!" Dessa forma, ela possui um âmbito pastoral que trata do consolo e da presença, por meio da solidariedade junto àqueles que fazem parte de nossas comunidades.

Dentre as compreensões sobre o objetivo e missão da Pastoral da Esperança, encontramos a afirmação de ser uma pastoral que tem como prioridade levar a esperança àqueles que se veem diante da perda iminente de um ente querido e/ou perderam um dos seus seja, do grupo de amizade, seja da família. Segundo o Padre José Carlos Pereira (2015, p. 11), "trata-se de uma pastoral que visa tocar a alma das pessoas enlutadas, seja por meio do conforto, seja por meio da oração".

Já o padre jesuíta Aloir Pacini (2017) se refere a essa pastoral como uma presença amiga, fraterna e solidária da comunidade eclesial junto aos enlutados. Isso se percebe efetivamente quando se depara com os testemunhos de quem foi consolado em momento de dor e sofrimento, como é o caso da agente Ivanilda Tratch, ao se referir à atuação da Pastoral da Esperança: "Veio para ajudar a entender o luto, principalmente quando perdi meu esposo. Nesse momento difícil, fiquei sem chão, pois não sabia lidar com essa situação. Por isso, essa pastoral tem a sua importância no acolhimento e na oração, pois é muito importante na nossa vida ser amparada e confortada no momento mais difícil".

Diante da necessidade pastoral à qual nos deparamos, é salutar que o olhar da Igreja também esteja voltado para a realidade de tantas pessoas que vivem o processo do luto, garantindo-lhes o apoio necessário para que superem progressivamente o sentimento de perda e dor. Assim, entende-se que a importância e missão da Pastoral da Esperança é oferecer às pessoas que passam pela experiência da dor e do luto a presença da Igreja, o ânimo necessário durante o período que precisarem, atendendo às pessoas e famílias enlutadas por meio do acolhimento solidário, e, ao mesmo tempo, realizar um processo evangelizador que lhes permita viver uma experiência de fé a partir da situação em que se encontram. Motivar tais pessoas é também incentivá-las a oferecer a esperança, seja por gestos seja por palavras. Logo, a missão do agente da esperança compreende, além de levar o consolo e a esperança à família enlutada, também oferecer reflexões que despertem em todos a chama da fé em Cristo ressuscitado, fundamentando-se na pessoa de Jesus e em seu modelo de atitudes. Este modelo sustenta a missão dos agentes dessa pastoral para serem mensageiros da fé, da paz, e fortalece o sentido da esperança cristã junto aos enlutados.

1.2 Jesus Cristo: o modelo do agente da Pastoral da Esperança

Nas passagens do Novo Testamento, Jesus, quando anuncia o Reino de Deus, se faz próximo dos pobres e marginalizados de sua época, isto é, pessoas excluídas do convívio social, como por exemplo leprosos, paralíticos, cegos, coxos, cobradores de impostos, entre outros. Junto a essas pessoas, Jesus nos revela a sua solidariedade e acolhimento aos que por vezes se encontram sem perspectivas para suas vidas, desolados por suas situações e perdas, sem esperança. Ademais, Jesus também acolhe a dor e o sofrimento humano, tal como se pode observar no episódio da morte de Lázaro, oferecendo o consolo às irmãs Marta e Maria (cf. Jo 11,1-45). Inclusive, podemos identificar que também Jesus expressou o sentimento da tristeza pela perda do seu amigo (cf. Jo 11,35), significando que se compadece do sofrimento humano, não lhe sendo indiferente.

Essa passagem bíblica traz muitos elementos significativos para o trabalho pastoral do agente da esperança. Primeiramente, porque se trata de uma pastoral missionária, que vai ao encontro das pessoas nos momentos dolorosos da vida. No texto bíblico, o próprio Jesus foi ao encontro dos familiares enlutados de Lázaro. Jesus se faz presença amiga e fraterna junto à família. A própria presença ou os gestos acalentadores são mais significativos do que proferir palavras, que às vezes soam como vazias e desprovidas da presença empática. Depois de fazer-se solidário com a família, acolhendo a dor e suas fragilidades, Jesus anuncia uma esperança que renova e transforma o coração abatido: a ressurreição. Mas a ressurreição é compreendida à luz do mistério da encarnação.

Como bem compreendemos, na encarnação Deus se despoja da sua onipotência e assume a condição humana, perpassando a experiência da dor e do sofrimento. Trata-se do movimento *kenótico* ou do rebaixamento, assim expresso pelo Apóstolo São Paulo na Carta aos Filipenses (cf. 2,6-11). Um exemplo concreto desse movimento de rebaixamento é o episódio do Lava-pés (cf. Jo 13): Jesus, o Mestre, lava os pés dos seus discípulos e pede para que façam o mesmo. Isso significa colocar-se a serviço do outro, doação livre e incondicional. Na *kénosis*, Jesus participa e compartilha das mesmas dores, fragilidades e vulnerabilidades da natureza humana.

Conforme se pode observar, as atitudes de Jesus inspiram um pouco do trabalho desempenhado pelos agentes da Pastoral da Esperança, que têm a sublime missão de ser uma presença eclesial entre as pessoas que passam pelo doloroso processo do luto. Ademais, esses agentes cuidam das suas fragilidades sem juízo de valor, ajudando-as, por meio de um trabalho que lhes ofereça o conforto espiritual, a se fortalecerem na fé e a manterem a confiança na ressurreição. Isso porque Deus se faz próximo do seu povo, não os abandona e lhes concede a graça de participar de sua glória. Retomando uma passagem bíblica do Antigo Testamento, a pedagogia divina é assim apresentada (Ex 3,7-8a):

> Eu vi, eu vi a miséria do meu povo que está no Egito. Ouvi seu grito por causa dos seus opressores; pois eu conheço as suas angústias. Por isso desci a fim de libertá-lo da mão dos egípcios, e para fazê-los subir desta terra para uma terra boa e vasta.

Essa passagem do Êxodo quer apresentar a faceta de um Deus que enxerga os sofrimentos, conhece a dor e quer estar junto ao seu povo, especialmente nos momentos de dificuldade, tal como a realidade da morte. Deus está revestido dos atributos da compassividade, do amor e da misericórdia. Esse é o caminho a ser percorrido pelo agente da esperança: ver e ajudar a perceber que Deus caminha com a humanidade, se faz presente em todos os momentos da vida e é solidário ao sofrimento humano. É justamente isso que Jesus nos faz enxergar nas diversas situações pastorais. Em um jogo de palavras, o agente da esperança busca levar a esperança, que, em nosso caso específico, se encontra dentro de uma abordagem cristã de que "na esperança somos salvos" (Rm 8,24) e que se concretiza no seguimento a Jesus Cristo construindo um caminho de fé que concede ver a continuidade da vida em Deus.

O tema da esperança cristã está atrelado à ressurreição de Jesus Cristo, considerado "o modelo da nossa realidade futura. É Ele quem nos pode reanimar e nos levar a superar a perda sofrida" (Pacini, 2017, p. 81). O anúncio dessa esperança vem acompanhado da sublime presença do Cristo ressuscitado, que ilumina o caminho e o agir do cristão no mundo. De tal forma, a esperança é a marca do cristão, uma definição da existência humana (cf. Assunção; Ratzinger, 2019, p. 29). Por isso, a fé cristã está alicerçada na esperança da ressurreição, conforme se expressa no Evangelho segundo João: "Eu sou a ressurreição e a vida; quem crê em mim, ainda que tenha morrido, viverá" (Jo 11,25). Eis a centralidade da fé cristã: celebrar e vivenciar o mistério da morte e ressurreição de Jesus Cristo! Contudo, mesmo que a morte seja causa de espanto entre as pessoas, a dimensão teológica da esperança conduz os enlutados a darem um salto na sua fé e até mesmo no próprio modo de enxergar o sentido da morte.

Um dos testemunhos que expressam o sinal de ser esperança na vida do outro é trazido pelo agente da esperança Márcio Dias, ao relatar sua experiência de quando foi chamado para orar por uma pessoa enferma. Segundo ele, o que ocorreu foi o seguinte:

> Cheguei ao local, fiz a oração para ela [pessoa enferma] e fui embora. No dia seguinte, me ligaram dizendo que a pessoa havia falecido. Ainda disseram que ela só estava esperando por uma oração antes de partir. Depois, acompanhei-os até o cemitério e fiz as exéquias; a família ficou mais aliviada por estar presente um agente da Pastoral da Esperança para dar suporte nessa hora difícil.

Essa experiência de Márcio nos ajuda a reconhecer que os agentes da esperança precisam anunciar Jesus Cristo a todas as pessoas mediante atitudes concretas: marcando presença nos períodos de enfermidade, levando o conforto e a esperança quando ocorre o falecimento, sendo uma presença fraterna e ativa. Para isso, nos reportamos ao testemunho dado pela agente da esperança Nilza Pereira Lima Vieira, ao expressar o que é para ela a Pastoral da Esperança:

> É uma experiência profunda nas horas que as pessoas estão passando pelo momento de tristeza profunda por perder um ente querido, pois falamos de esperança, sobre a ressurreição de Cristo. Para mim, foi muito gratificante fazer o trabalho no cemitério também, foi um aprendizado enorme na minha vida e quero deixar aqui o meu relato: vale a pena fazer essa experiência de levar Deus às pessoas na hora do luto. Enfim, a Pastoral da Esperança realmente faz toda a diferença na vida da família enlutada.

Sendo assim, a presença do agente da Pastoral da Esperança não se limita somente à celebração das exéquias. Esse trabalho pastoral vai muito além desse aspecto. É como se o trabalho do agente da esperança tivesse uma "presença continuada" junto à família enlutada, seja no antes, seja durante, seja no depois, de tal forma que essa família não se sinta desamparada. A Igreja oferece materiais de base para momentos de oração junto com a família. Um ponto muito relevante que destaco é a presença da Igreja nos cemitérios, especialmente no Dia de Finados (2 de novembro). Nesse ponto, cito como exemplo o belo trabalho desempenhado pela Arquidiocese de Curitiba, que busca organizar e também disponibilizar a presença dos diáconos permanentes e dos Ministros Extraordinários da Sagrada Comunhão (Mesc) nesses locais. Estão ali simplesmente para acolher a dor e rezar com as famílias que choram com a perda de seus familiares.

1.3 A dimensão eclesial da Pastoral da Esperança

Para ajudar a compreender a dimensão eclesial da Pastoral da Esperança e também trazer luzes para o trabalho pastoral do agente da esperança, encontramos em documentos da Igreja informações para iluminar as práticas dessa pastoral e seus agentes que muito contribuem para o aprofundamento sobre os diferentes temas nos âmbitos teológico, moral, ético, litúrgico, evangelizador e outros que com ela dialogam.

Como bem compreendemos, a Igreja demonstra especial carinho e solicitude para com essa realidade pastoral, buscando se solidarizar com os enlutados e também anunciando a esperança cristã. Desse modo, justifica-se a relevância da atuação dos agentes da Pastoral da Esperança em qualquer comunidade eclesial. Podemos nos interrogar: "Como a Igreja trata disso?"

Primeiramente, destacamos a Carta Encíclica *Spe Salvi – sobre a esperança cristã*, do Papa Bento XVI. Nessa encíclica, o pontífice reflete teologicamente sobre o tema da redenção do ser humano a partir da esperança cristã. Conforme foi pontuado anteriormente, a esperança caracteriza o modo de viver do cristão no mundo. Nesse sentido, sem a esperança a vida do ser humano não teria sentido algum, perderia a sua verdadeira essência. Geralmente, quando ouvimos falar no termo "esperança", prontamente associamos aos momentos de crises ou dificuldades da vida cotidiana. Parece ser um termo que se encontra entranhado na vida do ser humano.

Existe um ditado popular que diz assim: "A esperança é a última que morre". Do ponto de vista teológico, a esperança do ser humano jamais deve morrer, pois ela se encontra profundamente enraizada em Jesus Cristo. Tal é a fé que professamos, e aqui reitero mais uma vez: a esperança na ressurreição. A esperança é uma das virtudes teologais juntamente com a fé e a caridade. Ademais, a esperança aponta para uma dimensão escatológica, para um futuro, do qual os cristãos têm o conhecimento de que a sua vida não termina no vazio (cf. Bento XVI, *Spe Salvi*, n. 3). De tal forma, a esperança confere um dinamismo e sentido para a existência humana, ainda mais no contexto do mundo pós-moderno.

Uma realidade que requer estudo e reflexões dos agentes da Pastoral da Esperança é o cuidado com as pessoas que se encontram em estado terminal de vida. Para atuar junto a essas pessoas e seus familiares, pode-se realizar o estudo da Carta *Samaritanus Bonus – sobre o cuidado das pessoas nas fases críticas e terminais da vida*, da Congregação para Doutrina da Fé. Essa carta explora aspectos significativos sobre o acompanhamento da pessoa no fim da sua vida. Como ressalta em sua introdução, trata-se de "mirar à integridade da pessoa, garantindo com os meios adequados e necessários o suporte físico, psicológico, social, familiar e religioso" (Congregação para Doutrina da Fé, *Samaritanus Bonus*, 2020).

Essa carta parte do texto bíblico de Lc 10,30-37, que se refere à Parábola do Bom Samaritano. Nesse texto, o samaritano foi aquele que acolheu e cuidou das feridas do semimorto deixado à beira da estrada. Trata-se de uma atitude de compaixão e de dignificar a vida humana diante das fragilidades. Isso quer dizer que a vida é um dom sagrado e inviolável, ela precisa de cuidados. Um exemplo disso são os cuidados paliativos, que oferecem dignidade e qualidade de vida aos pacientes em estado terminal. O ato de cuidar do próximo nessas situações é oferecer o bálsamo que alivia o sofrimento. Nesse caso, o "bálsamo" que se pode oferecer é a nossa presença, estar com a pessoa, sentir-se responsabilizado por ela. Significa que todos, sem exceção alguma – médicos, enfermeiros, familiares, capelães – são responsáveis pela pessoa doente.

Considerações finais

Observamos que a Pastoral da Esperança tem uma grande importância na realidade eclesial, especialmente no trato fraterno com as famílias enlutadas. Para muitas famílias, lidar com a morte de uma pessoa querida é uma experiência dolorosa ou dificultosa, porque estão vivenciando o processo do luto. Nesse sentido, a Igreja compreende o seu papel de fazer-se solidária e compadecer-se com o sofrimento humano diante da morte. Isso porque o próprio Jesus Cristo se compadeceu das vulnerabilidades do povo de sua época.

Nos relatos de alguns agentes da esperança que vimos neste capítulo e que encontramos em nossas realidades, é evidente a contribuição que essa pastoral oferece aos enlutados, dando-lhes especial atenção e solicitude. De tal forma, a missão da Pastoral da Esperança não se resume apenas à celebração de exéquias, mas também compreende acolhida à dor do outro, a visita às famílias enlutadas e a oração junto a elas. Logo, auxilia a compreender que somos humanos, porque, mesmo nas fragilidades e nas limitações, sentimo-nos necessitados da presença acalentadora do outro, especialmente nos momentos dolorosos da vida.

Sugestão de leitura complementar

Aqui, sugerimos ao leitor textos que poderão contribuir para aprofundar e refletir sobre a missão e atuação dos agentes da Pastoral da Esperança:

- CNBB. *Quem crê em mim, ainda que tenha morrido, viverá (Jo 11,25)*: celebrações para famílias em luto. Curitiba: CNBB – Regional Sul 2, s.d.
- PACINI, A. *Celebrações, exéquias e bênçãos*: manual para ministros. São Paulo: Paulinas, 2017.
- PEREIRA, J. C. *Pastoral da Esperança*: subsídio de implantação, formação e atuação de agentes. Petrópolis: Vozes, 2015.

Por conseguinte, os textos elencados podem ser de grande utilidade para o agente da Pastoral da Esperança, pois apresentam uma base teológica, moral, pastoral e celebrativa para falar de esperança em situações de dor e sofrimento, tal como o processo do luto vivenciado pelas famílias. Por isso, é de grande importância para o agente da Pastoral da Esperança acompanhar essas realidades, tal como o samaritano da parábola lucana "viu-o e sentiu *compaixão*" (Lc 10,33). É justamente esse sentimento que deve perpassar o nosso coração!

Referências

ASSUNÇÃO, R. A. de; RATZINGER, J. (orgs.). *A grande esperança*: textos escolhidos sobre escatologia. São Paulo: Paulus, 2019.

BENTO XVI. *Carta Encíclica* Spe Salvi: sobre a esperança cristã. São Paulo: Paulus/Loyola, 2007.

BÍBLIA. *Bíblia de Jerusalém*. São Paulo: Paulus, 2002.

CNBB. *Quem crê em mim, ainda que tenha morrido, viverá (Jo 11,25)*: celebrações para famílias em luto. Curitiba: CNBB – Regional Sul 2, s.d.

CONGREGAÇÃO PARA DOUTRINA DA FÉ. *Carta* Samaritanus Bonus: sobre o cuidado das pessoas nas fases críticas e terminais da vida. Brasília: Edições CNBB, 2020.

FRANCISCO. *Exortação Apostólica* Evangelii Gaudium: a alegria do Evangelho. São Paulo: Paulus/Loyola, 2013.

PACINI, A. *Celebrações, exéquias e bênçãos*: manual para ministros. São Paulo: Paulinas, 2017.

PEREIRA, J. C. *Pastoral da Esperança*: subsídio de implantação, formação e atuação de agentes. Petrópolis: Vozes, 2015.

2
A Pastoral da Esperança e sua organização

Frei Everton Ramos Cláudio, O. Carm.[2]

A Pastoral da Esperança nasce da necessidade de atender as pessoas que vivem a dor da perda de um ente querido e de levar-lhes a consolação, a paz e a própria esperança. Portanto, sendo um órgão eclesial, sua missão querigmática está em sintonia com o anúncio do Ressuscitado. Para isso, um dos objetivos dessa pastoral é recordar aos familiares e amigos dos falecidos que a vida cristã não se limita apenas à existência terrena e material, mas compreende a vida eterna, ultrapassando este tempo e lugar.

Levar o conforto e a presença fraterna da comunidade orante é o papel dos agentes da esperança, tendo por base a evangelização, a consolação dos vivos e a oração pelos falecidos. Nesse processo, faz-se necessário refletir seriamente sobre o aspecto da nossa vivência neste tempo presente. Para tanto, a comunidade apostólica é um exemplo de como os discípulos vivenciaram o luto da paixão e morte de Jesus, tal como os discípulos de Emaús, que voltaram para suas casas depois do suplício da cruz, tristes e abatidos pela perda do seu Mestre (cf. Lc 24,13-35).

Compreende-se que os agentes da esperança são chamados a ser presença da comunidade e "sinais de esperança" na vida das pessoas, em particular das famílias que vivem o processo do luto ou de uma perda iminente de um ente querido. Ser sinal de esperança é carregar dentro de si a certeza da vitória de Cristo sobre a morte. Nesse sentido, os agentes se tornam meio para alargar a esperança aos diversos aspectos da vida das pessoas à luz do mistério pascal de Cristo, que permeia os nossos ritos e a nossa fé. Portanto, não basta apenas ressignificar as perdas existenciais, mas também é necessário dilatar o espírito à luz desse mistério de salvação.

---

2. Frade carmelita da Província Carmelitana Pernambucana. Cursou Filosofia na Faculdade Católica de Fortaleza e Teologia no Centro Universitário Claretiano – Studium Theologicum.

A perda de um ente querido é sentida porque se constituiu como um rompimento com alguém que sempre estará presente em nossa vida. Esse é o desafio das famílias enlutadas, que vivenciam o luto e as suas perdas e que reconstroem a sua própria história, mantendo nela uma memória ou lembrança daquela pessoa que não mais faz parte da realidade terrena.

A importância dessa pastoral foi vivida pelo agente da esperança Expedito Vieira Filho diante de um fato marcante: a morte de uma amiga de Pastoral da Esperança que o fez reconhecer se tratar de "um serviço voluntário que é feito com muito carinho e amor, vindo do mais simples do nosso coração humano". Por isso, neste capítulo vamos propor uma forma de organização para a instalação da Pastoral da Esperança no contexto das paróquias e comunidades eclesiais a partir da sua missão e do seu carisma. Tendo em vista os desafios e as necessidades que se projetam nesse processo desde a instalação, direção e até a preparação dos agentes e sua formação. Por fim, buscaremos apresentar o caso específico do surgimento da Pastoral da Esperança na Paróquia Profeta Elias, localizada na cidade de Curitiba (PR).

2.1 A atuação da Pastoral da Esperança

As ações realizadas pela Pastoral da Esperança são mais abrangentes do que as cerimônias exequiais. Não é só animar o irmão, mas é preciso ajudá-lo a compreender que a perda do ente querido não se refere à perda de significado. É preciso orientá-lo a ressignificar sua história doravante, ou seja, a dar um novo sentido à vida na ausência do outro, bem como a constituir uma relação de solidariedade com aqueles que continuam ao seu redor. Essa é a missão do agente que atua em nome da Igreja para ajudar as pessoas a conservar a fé, para favorecer o encontro consigo mesmo e sua nova realidade e para evangelizar à luz da fé cristã. Tal como na experiência apostólica, a partilha da vida, das dores e da esperança deve caracterizar a dimensão prática dessa pastoral.

Algumas das ações dessa pastoral são: confortar espiritualmente as famílias enlutadas por meio de celebrações e visitas; assistir as famílias nos velórios; preparar com especial zelo a celebração das exéquias, considerando o profundo sentido pascal da morte cristã, a sensibilidade dos presentes e a necessidade de aproveitar o momento para ajudar a reconhecer que a morte e a vida possuem uma relação de reciprocidade quanto ao seu sentido; realizar encontros de oração nas residências dessas famílias; evangelizar e mostrar que não se reza apenas pela morte, mas sim pela ressurreição; aproveitar o momento de sensibilidade humana para falar da esperança a todos e da necessidade da fé na ressurreição dos mortos como ponto central da vida cristã; e providenciar o sepultamento dos indigentes ou de pessoas que não tenham família, entre outras.

Os campos de atuação dos agentes da Pastoral da Esperança

Os agentes da Pastoral da Esperança podem atuar nas residências, nas capelas mortuárias, nos hospitais e nos cemitérios. Esses agentes devem sempre se preocupar em ser pessoas de esperança, acolhedoras, atenciosas e devidamente preparadas para esses momentos difíceis, tendo sensibilidade para com o sofrimento humano e estando preparados para o conforto humano diante da dor e das necessidades da vida cristã dos familiares, além de sempre mostrar um testemunho de vida cristã.

2.2 Por que é necessária a Pastoral da Esperança?

Essa é uma pergunta que envolve, inicialmente, à criação de qualquer pastoral no âmbito eclesial, como no caso da Pastoral da Esperança, que tem como um dos seus objetivos atender as pessoas que sofrem a perda de alguém. Para lidar com as dores dos outros é necessário que os agentes compreendam o sentido do sofrimento humano. Dessa forma, o agente se torna apto a ser um sinal de esperança ao acolher a humanidade do outro que perpassa o sofrimento. Nesse caso, acolhe o sentimento que envolve a morte, uma das experiências mais complexas a serem superadas, em relação a si mesmo, no contexto familiar e no social. O ato de levar a consolação aos familiares e amigos que perderam seus entes queridos se atualiza dentro das "bem-aventuranças": "Bem-aventurados os que choram, pois serão consolados" (Mt 5,4).

Da experiência que se faz da morte, surge o luto, que não é somente uma forma de lidar com o sofrimento da perda de alguém que se ama, mas é um período delicado que faz com que as pessoas se questionem sobre que rumos irão dar à sua vida A necessidade que surge da realidade das famílias enlutadas leva a uma reflexão e à criação da Pastoral da Esperança no contexto eclesial para ajudar e acompanhar seus membros. Por isso, na vida das paróquias ou comunidades, essa pastoral pode ser organizada de acordo com os seguintes passos:

a) As paróquias que desejam formar a Pastoral da Esperança devem procurar saber se nas suas (arqui)dioceses há diretrizes que regulam esse serviço pastoral na Igreja particular.

b) Em algumas comunidades paroquiais esse serviço está muito ligado aos Ministros Extraordinários da Palavra e da Sagrada Comunhão. Podem ainda fazer parte outras pessoas engajadas na vida pastoral da Igreja (podendo ser pessoas da Pastoral da Acolhida, da Liturgia, entre outras). Para tanto, destacamos alguns pontos sobre o perfil das pessoas que podem compor essa pastoral: acolhedoras em relação ao outro, com senso de responsabilidade, comprometimento, disponibilidade, empatia, abertura em relação à diversidade de culturas, sensibilidade diante do sofrimento alheio, entre outros. Correspondendo a esse perfil apresentado, tais pessoas sejam convidadas pelo próprio pároco ou mesmo por um coordenador do Conselho Pastoral Paroquial (CPP) a participar da Pastoral da Esperança na paróquia.

c) Essas pessoas sejam capacitadas por meio de formações que versem sobre temas teóricos e práticos relativos à Pastoral da Esperança, dentro de um período de um ano. Após esse processo formativo, estando os agentes preparados, realiza-se uma celebração, que pode ser paroquial. Nessa celebração esses agentes são apresentados à comunidade e enviados para exercerem com amor a sua missão como agentes da esperança.

d) Após a celebração de envio, esses agentes da esperança passam a colocar em prática os aprendizados e ensinamentos, tais como: auxiliar ou celebrar as exéquias de uma pessoa falecida, visitar as famílias enlutadas para um momento de oração, além de oferecer o conforto necessário para as famílias, entre outras ações.

Como toda a pastoral possui sua função e seu campo de trabalho, a Pastoral da Esperança atua com as manifestações de sentimentos e emoções das pessoas em relação aos seus entes queridos, principalmente em relação ao luto. Os agentes são, portanto, sinais da presença da Igreja na vida do povo em circunstâncias bem delicadas. Para uma melhor organização dessa pastoral na vida paroquial, torna-se necessário distinguir algumas funções entre os agentes de pastoral.

2.3 Algumas das funções significativas dos agentes da esperança

Para o desenvolvimento da Pastoral da Esperança, algumas funções específicas são necessárias para o bom andamento desse trabalho na vida pastoral da paróquia:

a) *Dirigente espiritual*: geralmente um sacerdote (pároco) ou diácono que acompanha os fiéis da Igreja local. Sua função também está associada à preparação de retiros e encontros de espiritualidade.

b) *Coordenador de pastoral*: é aquele que está à frente da pastoral nos trabalhos e articula as comunidades locais. É o responsável por organizar os conteúdos de formação e preparação dos agentes da esperança, como também por selecionar assessores para os encontros.

c) *Articulador da esperança*: juntamente com o coordenador de pastoral, ele prepara e articula os agentes das comunidades, organizando visitas às famílias, terços da esperança nas casas dos enlutados, missas da esperança, de sétimo dia, de trigésimo dia; o articulador é uma referência mais próxima à família, alguém que atua com o coordenador organizando as ações pastorais.

d) *Procurador da esperança*: atua junto ao articulador local de sua própria comunidade. É responsável diante das necessidades da família de procurar ajuda solidária, se a mesma estiver em situação de vulnerabilidade.

e) *Agente da esperança*: é a pessoa que acompanha e se faz presença ativa e solidária junto às famílias enlutadas, seja para as celebrações de exéquias, seja para as visitas nas casas.

Tais funções buscam cooperar e trabalhar em conjunto na vida pastoral, mas sempre havendo comunicação entre as partes envolvidas nesse processo. Por isso, é importante que a pastoral tenha um grupo (*WhatsApp*) para fins comunicativos, buscando informar os casos de velórios e a disponibilidade dos agentes. Convém salientar que a atividade norteadora da Pastoral da Esperança é oferecer uma atenção especial às necessidades das famílias enlutadas, tais como informações sobre as missas de sétimo dia, presença nos velórios, momentos orantes nas casas, entre outros.

2.4 A formação para os agentes da Pastoral da Esperança

A formação é indispensável na vida de qualquer pessoa, pois visa capacitá-las e prepará-las para uma atividade que irá desempenhar. Formar-se pode equivaler ao investimento que a pessoa se propõe. Trata-se também de uma oportunidade que visa ao crescimento pessoal, em que a pessoa busca atualizar seus conhecimentos e ampliar seus horizontes. O mesmo acontece na vida pastoral, em que a pessoa se coloca no papel de discípulo(a) para melhor servir a Igreja, como é o caso dos agentes da Pastoral da Esperança.

Nesse sentido, o programa formativo que busca capacitar os agentes da esperança compreende os seguintes temas:

Tais encontros são apenas sugestivos, alguns deles são abordados nos capítulos deste livro e podem ser aprofundados e dinamizados entre os coordenadores para as suas respectivas comunidades. Ademais, é salutar a participação dos agentes de pastoral nos encontros formativos, que devem envolver tanto conhecimentos teóricos quanto práticos. Por isso, cabe ao dirigente espiritual aprofundar esses conteúdos com os agentes para que melhor desempenhem a missão eclesial na realidade enlutada.

2.5 Uma experiência de implantação da Pastoral da Esperança na Paróquia Profeta Elias

O surgimento da Pastoral da Esperança na Paróquia Profeta Elias se deu no início do ano de 2021, quando surgiram algumas reflexões em torno da necessidade de um atendimento junto às famílias enlutadas, procurando levar um consolo e esperança. Durante esse tempo estávamos na difícil realidade da pandemia da Covid-19, que trouxe mudanças significativas na vida de muitas famílias, tal como o isolamento social e a maneira de sepultar seus entes queridos. Por exemplo, o velório de uma pessoa vítima da Covid-19 devia obedecer aos protocolos de segurança.

Para tanto, a estrutura dessa pastoral foi organizada, inicialmente, a partir do convite direcionado a algumas pessoas engajadas na paróquia, como os Ministros Extraordinários da Sagrada Comunhão. Ao longo do ano de 2021 foram ministradas formações mensais a essas pessoas, aos moldes de uma capacitação, envolvendo temas teóricos e práticos sobre a realidade da própria pastoral. Com efeito, o marco dessa pastoral foi a celebração de envio dos mais de cinquenta agentes, realizada no dia 19 de outubro, na comunidade Nossa Senhora Aparecida, conforme uma publicação no site da Arquidiocese de Curitiba[3].

O testemunho da agente da esperança Elisabete do Rocio de Oliveira discorre sobre a importância dessa pastoral na vida paroquial. Segundo ela,

> a nossa paróquia está sempre procurando meios de melhor atender a comunidade. E a criação da Pastoral da Esperança foi algo maravilhoso para nós, ministros, e para as famílias enlutadas. Pois nem sempre era possível um sacerdote para realizar as exéquias, e não tínhamos uma formação adequada. Com a criação dessa pastoral tudo ficou mais organizado e nós nos sentimos um pouco mais preparados para realizar as exéquias.

Na Paróquia Profeta Elias, a Pastoral da Esperança tem realizado diversas atividades, tais como: celebração de exéquias, terço da esperança, bem como visita às famílias que perderam seus entes queridos. Essas atividades são uma forma de oferecer um apoio à realidade dos enlutados. Vejamos um pouco cada uma dessas atividades:

3. A referida publicação se encontra no site: http://arquidiocesedecuritiba.org.br/paroquia-profeta-elias-conclui-formacao-de-mais-de-50-agentes-da-pastoral-da-esperanca/.

Terço da esperança

São realizados nas comunidades, mensal, semanal ou quinzenalmente, os terços da esperança, que consistem em uma contemplação dos mistérios gloriosos e também em uma reflexão sobre alguma passagem bíblica relativa aos temas da ressurreição, da esperança, do consolo etc.

Celebração de exéquias

Quando falece uma pessoa da comunidade, comunica-se prontamente ao grupo da Pastoral da Esperança, para que seja disponibilizado algum agente da esperança que celebre as exéquias. Além disso, o agente da esperança pode até comentar com a família sobre a missa de sétimo dia e também sobre o terço da esperança.

Visita às famílias enlutadas

Se considerar conveniente para a família enlutada, o agente da esperança poderá, dentro da sua disponibilidade, fazer uma visita.

Considerações finais

Este capítulo nos proporcionou compreender um pouco da dinâmica organizacional da Pastoral da Esperança dentro do contexto eclesial. Mas não basta simplesmente organizar e formar tal pastoral sem antes compreender e acolher o sofrimento do luto que perpassa a vida de muitas pessoas.

O mistério pascal de Cristo nos permite participar da sua divindade, enchendo-nos de consolação e esperança. Seria muito egoísmo da nossa parte não permitir que essa luz de Cristo pudesse iluminar a vida e o coração de tantas pessoas que enfrentam a perda de seus entes queridos. Evidenciar a ressurreição de Jesus é apresentar para as pessoas o verdadeiro sentido da vida e do dom que ela é. Por mais que neste capítulo tenhamos abordado questões práticas, a práxis cristã se perfaz onde habita o amor mútuo, tal como nos ensinou Jesus Cristo. Lógico que deve haver uma organização ou articulação entre pessoas para formar uma pastoral, mas isso precisa ser pautado na ideia de serviço como dom gratuito na vida humana.

Portanto, a necessidade de formação e capacitação das pessoas, em nosso caso específico de agentes da Pastoral da Esperança, não se restringe somente aos conteúdos teóricos, mas inclui também a prática. E a verdadeira prática, por sua vez, surge da interioridade da própria pessoa, que se torna vida e testemunho nas diversas realidades de luto que enfrentam os nossos irmãos.

Referência

BÍBLIA. *Bíblia de Jerusalém*. São Paulo: Paulus, 2002.

3
A prática da comunicação na Pastoral da Esperança

Adriane Werner[4]

Todas as relações entre as pessoas e delas com o mundo, objetivamente, se dão por meio de comunicação. Isso se dá de modo até instintivo, pois desde bebês as pessoas recebem e dão afeto, expressam suas necessidades e sentimentos por meio de comunicação. Vê-se que tal comunicação se dá principalmente por meio de linguagens, porém não necessariamente línguas gramaticalmente estruturadas, faladas ou escritas. Há comunicação quando o bebê chora para ganhar carinho, pedir comida, pedir para tomar banho e, à medida que cresce, ele aprende a se expressar por meio de palavras, gestos e atitudes, linguagens estruturadas ou mais intuídas.

Por meio da comunicação pode-se expressar o que cada um tem de bom e de ruim, elogiar e reclamar, dar carinho e, por vezes, até mesmo ser violento. Alguns ditos populares são elucidativos dessa centralidade da comunicação pela linguagem, por exemplo ao citar-se que "a palavra abençoa ou amaldiçoa" ou ainda que "as palavras podem ser como navalhas", expressando que, por meio da linguagem, podem se manifestar desejos e sentimentos em relação aos outros, ou até mesmo ferir e curar. Muitas vezes, com uma palavra ou expressão compassiva, pode-se levar alívio, paz e tranquilidade ao coração das outras pessoas. De outro modo, pode-se também com uma palavra ou expressão mais violenta ferir aos outros e mesmo estragar fatalmente as relações com os outros.

O compositor e cantor de música religiosa Padre Zezinho, SCJ, expressa uma interessante lição em sua canção *Palavra certa*, em que há um pedido ao Senhor para que lhe conceda o dom de saber se comunicar melhor ao anunciar o Evangelho. Na canção, destaca-se o pedido em relação à importância de dizer a palavra certa, na hora certa, do

4. Jornalista, especialista em Planejamento e Qualidade em Comunicação, mestre em Administração pela Pontifícia Universidade Católica do Paraná (PUC-PR).

jeito certo e também para a pessoa certa: "Dá-me a palavra certa, na hora certa, do jeito certo e pra pessoa certa" (Zezinho, 1996). Esses momentos de introspecção e busca pela inspiração divina mencionados são necessários não só para que as mensagens sejam transmitidas de modo eficaz, mas também para que contribuam ao processo de construir relações mais saudáveis, resultando na opção por ser luz na vida daqueles que rodeiam aqueles que assim optaram.

Neste capítulo, o que se propõe é refletir sobre como deve ser a comunicação e a consequente recepção dessa comunicação entre os envolvidos em situações de luto, e também sobre como lidar com ele sob a perspectiva pastoral. A ideia não é apenas fazer um apanhado teórico, fundamentado em bibliografias complexas e autores consagrados, mas sim sobretudo propor novas abordagens com base empírica, com algumas observações a respeito de casos conhecidos, com situações tornadas públicas, especialmente durante a pandemia de Covid-19, entre março de 2020 e maio de 2023 (Organização Mundial da Saúde, 2023).

3.1 Como se comunicar com alguém enlutado?

A cena é comum e, por vezes, constrangedora: ao chegar a um lugar em que estão presentes pessoas enlutadas, que perderam alguém que lhes é caro, muitas pessoas travam, não têm ideia de como se aproximar, de que gestos usar ou mesmo de quais palavras são mais adequadas para serem ditas na ocasião. Há como que uma paralisia, um temor e por vezes uma sensação de inadequação profunda. Nesses casos, ter a consciência preparada e mesmo treinada para poder comportar-se com decência e sem medo de constrangimentos pode ser um bom caminho a seguir.

Aborda-se aqui a situação do luto e de tudo que a envolve: a comunicação entre os envolvidos, o comportamento pessoal do visitante e do enlutado, a linguagem a ser escolhida e mesmo a postura e o gestual adequados em tal situação. Sabe-se que é extremamente difícil falar alguma coisa ao chegar a um velório ou ao visitar alguém que perdeu um ente querido. Devem-se escolher bem as palavras, mesmo sabendo-se que em algumas situações não há *palavra certa*. Ocorre que, mesmo tendo-se a certeza de que tudo o que for dito pode destoar naquele momento, pode-se ter um rol de comportamentos mais adequados em tais momentos.

Realmente, é preciso ter muita cautela ao se dirigir a pessoas enlutadas. Como diz o psicanalista Carl Gustav Jung (1991, p. 5), "conheça todas as teorias, domine todas as técnicas, mas, ao tocar uma alma humana, seja apenas outra alma humana". Deve-se priorizar sempre a possibilidade de ser *almas humanas*, lembrando que uma alma está tocando outras almas que, em um momento de sentimento profundo de pesar, estarão com sua sensibilidade à flor da pele, vivendo a tristeza em sua potência máxima.

Pode-se refletir, por exemplo, sobre uma experiência vivida pela autora deste texto, diante de um senhor que perdeu um filho de 32 anos na pandemia da Covid-19. Pode-se imaginar o sentimento de dor e revolta desse senhor de mais de 70 anos ao ver o filho (no auge do seu desenvolvimento profissional, constituindo família e vivendo feliz) morrer de forma tão humilhante, sem poder sequer ter um velório digno, por causa dos riscos de contaminação.

Para esse senhor, não havia palavra capaz de amenizar sua dor de pai. A revolta tomava conta de suas respostas, a ponto de abalar até mesmo sua fé. Entre as coisas que lhe diziam e as respostas que ele dava demonstrando o seu sentir, pode-se refletir sobre o que é preciso ter presente no contato com os enlutados, na atuação como agentes da Pastoral da Esperança.

Algumas das frases ditas a ele eram conhecidas, comumente ditas em conversas nessas situações. Alguns lhe diziam:

– Seu filho descansou!

E a resposta do pai era:

– Descansou de quê? Ele não estava cansado, ele estava no auge de sua vida!

Outros ainda diziam:

– Deus quis assim…

E, então, o sentimento de revolta do pai só aumentava:

– Que Deus é esse, que arranca com força o filho dos braços do pai?

Uma terceira frase que lhe disseram foi:

– Ele está melhor agora.

E ao pai então vinha:

– Mas ele estava feliz ao lado do pai, da esposa, do filhinho…

Foram essas e outras formas que as pessoas encontraram para buscar comunicar ao pai enlutado o seu sentir, em frases que, para elas, revelavam *compaixão*[5], ou seja, um sentir conjunto, de partilha da dor, porém que naquele momento apenas revelam um dedo a mais em sua ferida, aumentando sua dor. A dor de perder um filho é inimaginável para quem nunca passou por essa experiência. E todos devem procurar ser almas humanas para compreender a dor das outras almas.

Outra postura possível do enlutado em relação a sua situação de perda é a de agir em função dele por algo maior, uma luta que englobe a comunidade e as pessoas em torno.

5. O *Dicionário etimológico* traz um significado importante de *compaixão* para este capítulo: "A palavra compaixão vem do latim *compassio*, que significa o 'ato de partilhar o sofrimento de outra pessoa'. Em latim, *compassio* significa 'entender a dor de outra pessoa e sentir dó de seu sofrimento'. A pessoa que sente *compassio*, ou compaixão, consegue se pôr nos sapatos de outra pessoa que está sofrendo, entendendo aquilo que está passando. Essa compreensão leva ao desejo de ajudar, partilhando o peso da dor. A palavra *compassio* vem da raiz *compatior*, um verbo que significa 'ter compaixão' ou 'se compadecer de alguém'. Por sua vez, *compatior* foi formado pela junção de duas palavras: *cum* e *patior*. A palavra *cum* é uma preposição que indica companhia, podendo significar 'junto com' ou 'ao mesmo tempo que'. O verbo *patior* significa 'sofrer ou aguentar alguma situação difícil que causa sofrimento'. *Patior* também pode ser usado no sentido de tolerar ou permitir alguma coisa, apesar de causar dor ou sofrimento pessoal. Um exemplo disso seria quando um pai permite que os filhos pulem em cima dele, apesar de estar cansado e querer um pouco de paz. Assim, *compatior* significa literalmente 'sofrer junto com' alguém" (Compaixão, 2024).

Algumas pessoas conseguem transformar a dor de seu luto em força para lutar por causas sociais. Recordo aqui de dois casos emblemáticos.

É conhecida a história da ex-deputada federal Christiane Yared, que perdeu o filho Gilmar Yared Filho em um brutal acidente de trânsito causado pelo então deputado estadual Luiz Fernando Ribas Carli. O acidente foi em 7 de maio de 2008 (G1PR, 2019). Logo em seguida, a ex-deputada, que também é pastora evangélica, fundou o Instituto Paz no Trânsito com o objetivo de conscientizar a população sobre a segurança no trânsito. O processo contra o causador do acidente se arrastou por anos, e a luta pela paz no trânsito ganhou tanta visibilidade que Christiane se elegeu duas vezes deputada federal baseada nessa pauta. Quando questionada sobre usar a morte do filho para ter visibilidade, ela responde que, sim, *usa* a morte do filho para que outras mães não passem pela dor por que ela passa há tantos anos (cf. Tavares, 2014).

Outro caso exemplar, que chama a atenção pela força do pai em transformar em luta a morte da filha, é a história do analista de sistemas Jacson Fressato. Sua esposa estava grávida e precisou fazer o parto de emergência. A filhinha, Laura, morreu de septicemia, ou sepse, como se chama a infecção generalizada. O pai teve, então, a ideia de criar um tipo de robô que ajuda, dentro dos hospitais, a detectar infecções silenciosas em pacientes de terapias intensivas. O caso aconteceu em 2010 e, desde então, ele vem implantando o robô em dezenas de hospitais em todo o Brasil. O robô ganhou o nome de *Laura*, em homenagem à bebê (cf. Redação Folha Vitória, 2017).

3.2 A dor do luto não é motivo de brincadeira

Algumas vezes, pode-se notar que há pessoas que parecem não perceber a profundidade e o alcance de uma notícia de morte feita por brincadeira ou mesmo carência sentimental, em atitude que prejudica e causa dor aos outros, principalmente aos amigos e parentes. O caso relatado a seguir foi exemplar, causou comoção e trouxe várias consequências, principalmente contra quem imaginou apenas *testar* seus amigos e causou tumulto.

Em janeiro de 2023, este caso chamou a atenção em Curitiba. O cerimonialista Antônio Baltazar Lemos forjou a própria morte para, segundo ele, descobrir quem eram seus amigos de verdade. Foi uma atitude tomada por pura vaidade ou carência emocional. Ele postou, em suas redes sociais, uma foto sua em frente ao Hospital Albert Einstein (São Paulo, SP) e, no dia seguinte, postou outra mensagem dizendo: "No início desta triste tarde, o Comendador Baltazar Lemos nos deixou. Em breve mais informações" (Agências, 2023).

Até mesmo o salão para o velório foi preparado em uma capela mortuária. Coroas de flores decoravam o local e, em determinado momento, uma voz em *off* começou a narrar a vida do cerimonialista. Pessoas choravam, outras estavam consternadas, até que ele mesmo apareceu, vestindo um capuz preto e dizendo que tudo tinha sido "apenas uma brincadeira". A situação terminou em briga. Alguns poucos levaram mesmo na brincadeira, mas a maioria dos (ex-)amigos ficou indignada e alguns chegaram a avançar fisicamente contra ele. Uma moça postou em suas redes sociais que tinha acabado de perder a avó, saiu do velório da avó para o velório do amigo, porém, ao chegar lá, se deparou com a brincadeira de mau gosto. Outra declarou que o cerimonialista podia até estar ainda vivo, mas que havia morrido para ela naquele dia.

O cerimonialista não tinha avisado nem a seus próprios familiares de que se tratava de uma brincadeira. Deixou que todos sentissem a dor da falsa partida, até mesmo sua mãe, que era idosa e cadeirante. Aliás, foi o próprio sobrinho dele que encontrou inconsistências na história ao buscar informações no hospital onde ele supostamente havia estado internado (cf. Schievenin; Vaz, 2023; Agências, 2023).

Esse caso, além de deixar lições para o próprio brincalhão de mau gosto, pode deixar uma reflexão sobre o valor profundo dos sentimentos relacionados à morte, tão grande que não admite sequer ser encarado como motivo lúdico ou de desvio de finalidade, como ocorreu nesse mau uso da situação de luto para proveito do próprio falso falecido, que perdeu amigos e credibilidade em uma brincadeira feita com objetivo de confirmar suas amizades.

3.3 A visão da morte de acordo com as religiões

Lidar com a morte não é fácil para ninguém. Até mesmo Jesus Cristo chorou a morte de seu amigo Lázaro (cf. Jo 11,35). Maria sofreu, ao pé da cruz, ao ver seu filho morto (cf. Jo 19). Não há como não ficar triste na despedida daqueles a quem se ama, na separação física das pessoas com quem se está habituado a conviver e amar.

O neuropsiquiatra austríaco Viktor Frankl (1905-1997) ensina, em sua teoria chamada Logoterapia, que, quando se encontra algum sentido na vida, cria-se ânimo para continuar vivendo (cf. Frankl, 2017). Em seu livro *Em busca de sentido*, Frankl narra sua própria trajetória, vivida em quatro campos de concentração nazistas na Segunda Guerra, e conta como conseguiu sobreviver ao buscar, durante todo o tempo em que passou sofrendo torturas e sendo obrigado a trabalho forçado, um sentido para toda aquela experiência.

Todas as religiões, ao longo do tempo, sempre buscaram explicações para a morte e sua superação, justificando a existência humana com a pregação da crença na continuidade da vida após a passagem terrena. Essa crença certamente ajuda quem é seguidor de alguma religião a encontrar sentido para continuar vivendo sem seus entes queridos que já partiram. Algumas tradições religiosas têm sua própria maneira de tratar o fenômeno da morte e sua sequência necessária: o sentimento de luto e o pesar sofrido pelos restantes.

Mesmo que, de acordo com a crença e a entrega de fé, alguém consiga encarar de forma mais leve a morte de alguém próximo, a situação nunca é fácil. A morte é uma separação física que causa dor, que muitas vezes vem carregada de revolta e até mesmo da negação da fé antes praticada. As religiões tentam apresentar suas visões e maneiras de superar o que não encaram como fim, pois para a maioria delas há uma continuidade, um estágio posterior à vida terrena.

Ao agente da Pastoral da Esperança, cabe procurar saber se na família dos enlutados existem pessoas que pertençam a outras tradições religiosas para poder adequar a sua comunicação. Isso porque, às vezes, o falecido(a) é um cristão católico, mas nem todos os seus familiares comungam da mesma crença religiosa. Por isso a importância de esse agente estar aberto para acolher pessoas que professam outros tipos de credos. Dessa forma, as suas palavras poderão ser proferidas de uma maneira mais ecumênica, fazendo devidamente o acolhimento às pessoas, indistintamente, em sua dor pela perda do ente querido.

3.4 Empatia na dor

Quando se vai "tocar uma alma humana" (Jung, 1991), devem-se resgatar profundamente os sentimentos de *empatia*[6] e *compreensão*[7].

Não cabe a ninguém, por exemplo, julgar se uma mãe está chorando ou não no velório do próprio filho, pois cada pessoa reage de forma diferente à dor de encarar a morte. Não se podem mensurar os efeitos da perda no interior do coração daquela mãe ou de qualquer pessoa. O mesmo se pode pensar em relação às pessoas que perdem o controle emocional de maneira a provocar escândalo ou que se desesperam em um velório ou cerimônia fúnebre. Em vez de rir às escondidas, olhar torto ou mesmo julgar em pensamento, deve-se buscar o sentimento de compreensão.

A palavra *empatia* está muito em voga, porém poucos compreendem profundamente seu significado. Quando se diz que se trata de "se colocar no lugar do outro", deve-se compreender que isso implica entender a história de vida do outro, suas crenças e pontos de vista. Não é possível colocar-se no lugar do outro com crenças fixas e uma visão estática do mundo, pois isso não seria de modo algum empático.

3.5 O que dizer?

No momento em que se chega a um velório ou cerimônia fúnebre, é inevitável pensar: "O que devo dizer à família? Como me comportar diante dos amigos?" Nesse momento,

---

6. *Empatia* tem uma raiz compartilhada com *compaixão*, que já foi comentada. A raiz é *pathós*, que em grego significa "dor, paixão". *Empatia* é a "capacidade de se identificar com outra pessoa, de sentir o que ela sente, de querer o que ela quer, de apreender do modo como ela apreende etc." (Empatia, 2024).

7. *Compreensão* tem um significado mais abrangente, de tomar para si o significado de uma palavra ou situação, "1) faculdade de entender, de perceber o significado de algo; entendimento. 2) faculdade de conter em si, em sua natureza, ou numa categoria, num sistema" (Compreensão, 2024).

o que se deve lembrar é que a comunicação não se dá somente por meio de palavras. Até mesmo o próprio silêncio comunica. Por vezes, uma postura adequada é mais importante do que um discurso para aparecer e demonstrar carisma em meio à dor. As atitudes comunicam mais do que as palavras nessas circunstâncias. Portanto, não há necessidade de dizer nada ou, quando muito, deve-se dizer algumas palavras mais pontuais.

É comum querer levar uma palavra de esperança, um alívio para a dor que toma conta do ambiente. No entanto, em um primeiro momento, o *acolhimento* é mais importante do que a esperança. Nesse primeiro contato com as pessoas enlutadas é melhor pensar nos sentimentos de compreensão e compaixão do que em ser reconhecido como alguém importante para o falecido ou para a família dele. Quando se chega ao lugar, o melhor é demonstrar solidariedade[8]. Para isso, nada melhor do que um abraço e a presença ali, no local, em respeito ao falecido, e em contato físico com os familiares e amigos dele, demonstrando solidariedade pela presença e compaixão. Se se sentir a necessidade de dizer algo, devem-se usar apenas as formas prontas e tradicionais: "meus sentimentos", "meus pêsames", ou mesmo "vim aqui para te dar um abraço". Essas formas, muito acima de clichês, são maneiras que demonstram respeito profundo e íntimo para com os circunstantes.

Nesse momento, a palavra *empatia* assume um significado de compreender e respeitar a dor do outro. Palavras em demasia se perdem em meio à emoção e, até mesmo, podem magoar, se usadas em hora errada ou com postura errada.

3.6 As palavras inadequadas

Existem situações em que, mesmo na melhor das intenções, querendo consolar, algumas pessoas dizem coisas que machucam. A decisão mais correta deve levar em conta que é melhor silenciar do que correr o risco de dizer algo que machuque alguém.

Podem-se seguir alguns exemplos desse mau uso da palavra em situações de luto:

Exemplo 1 — "Você vai ter que ser muito forte agora para cuidar dos seus irmãos".

Essa é uma frase comum, dita muitas vezes quando morre a mãe de uma família, deixando filhos pequenos. Ora, não se dá ao filho mais velho sequer o direito de sofrer a morte da mãe, pois já no velório começam a lhe cobrar força e responsabilidades. Trocar a solidariedade por uma cobrança nesse momento aumenta a pressão sobre uma pessoa já fragilizada e ainda lhe impõe responsabilidades grandes em momento de fragilidade de sentimentos.

8. *Solidário* é quem está "pronto a consolar, apoiar, auxiliar, defender ou acompanhar alguém em alguma contingência" (Solidário, 2024). Não há contingência mais extrema do que o fenômeno da morte; desse modo, esse é o sentimento que se torna mais importante nesses momentos extremos.

Exemplo 2 — "Você vai ter que ser muito presente na vida da sua mãe, porque agora ela só tem você".

Essa frase comumente se diz a alguém que tenha acabado de perder um irmão. Deve-se compreender que a mãe está sofrendo, mas há que se respeitar também a dor do irmão. E de novo há uma cobrança de responsabilidade aumentada em hora de fragilidade, junto com falta de solidariedade, pois o melhor que se pode oferecer é ajuda no exercício dessas responsabilidades.

Exemplo 3 — "Agora você será o homem da família".

É uma frase comumente dita a um rapaz que vela seu pai. Nesse momento, o que ele precisa é viver a sua dor em vez de se preocupar com futuras responsabilidades. Trata-se de outro exemplo de frase que expressa falta de solidariedade e imposição de responsabilidade desnecessária, quando a manifestação com respeito e compaixão demandaria verdade, compaixão e apoio.

Considerações finais

Ao chegar a um velório ou ao visitar uma família que acabou de passar por uma grande perda, a comunicação deve sempre estar orientada pelo sentimento de empatia e solidariedade. Deve-se sempre lembrar da lição de comunicação trazida na canção *Palavra certa*, do Padre Zezinho: "Dá-me a palavra certa, na hora certa, do jeito certo e pra pessoa certa" (Zezinho, 1991):

A ***palavra certa***, no momento da abordagem, é a mais simples, mais acolhedora. Não se deve invadir nem cutucar e nunca machucar a outra alma humana.

O ***jeito certo*** é a escolha do tom de voz, da linguagem corporal ou do olhar. Tudo isso deve expressar acolhimento. Não é tanto o que se diz, porém mais como se diz algo.

A ***hora certa*** vai exigir sensibilidade. Em que momento se deve falar? Certamente, depois de preparar o terreno para não ser invasivo ou violento.

A ***pessoa certa*** é a quem se dirige a palavra. O que se diz ou como se interage com uma mãe é diferente de como se age com um filho, um pai, um irmão. Para cada pessoa, uma linguagem, uma abordagem, um abraço diferente.

Dessa maneira, mais do que esperança, deve-se levar solidariedade e acolhimento. Mais do que palavras, deve-se levar a presença e um abraço. Porque, no fim das contas, isso também é comunicação.

Referências

AGÊNCIAS. Cerimonialista finge a própria morte e velório falso acaba em confusão. *O Tempo*, 19 jan. 2023. Disponível em: https://www.otempo.com.br/brasil/cerimonialista-finge-a-propria-morte-e-velorio-falso-acaba-em-confusao-1.2800754 – Acesso em: 14 mar. 2024.

BÍBLIA. *Bíblia de Jerusalém*. 5. ed. São Paulo: Paulus, 2008.

COMPAIXÃO. In: *Dicionário etimológico*: etimologia e origem das palavras. *7 Graus*, 2008-2024. Disponível em: https://www.dicionarioetimologico.com.br/ – Acesso em: 15 mar. 2024.

COMPREENSÃO. In: *Dictionary Oxford Languages*. Londres: Oxford University Press, 2024. Disponível em: https://abrir.link/YAcwe – Acesso em: 14 mar. 2024.

EMPATIA. In: *Dictionary Oxford Languages*. Londres: Oxford University Press, 2024. Disponível em: https://abrir.link/PzHeK – Acesso em: 14 mar. 2024.

FRANKL, V. E. *Em busca do sentido*. Petrópolis: Vozes, 2017.

G1PR. Acidente causado pelo ex-deputado Carli Filho e que matou dois jovens, em Curitiba, completa dez anos. *G1*. 7 maio 2019. Disponível em: https://g1.globo.com/pr/parana/notcia/2019/05/07/acidente-causado-pelo-ex-deputado-carli-filho-e-que-matou-dois-jovens-em-curitiba-completa-dez-anos.ghtml – Acesso em: 15 mar. 2024.

JUNG, C. G. *Obras completas*: estudos sobre a psicologia analítica. 3. ed. Petrópolis: Vozes, 1991 (v. VII).

ORGANIZAÇÃO MUNDIAL DA SAÚDE. Surto da doença do coronavírus (Covid-19). 2024. Disponível em: https://www.who.int/es/emergencies/diseases/novel-coronavirus-2019 – Acesso em: 15 mar. 2024.

REDAÇÃO FOLHA VITÓRIA. Após perder a filha, pai cria robô inteligente que detecta infecção grave. *Folha Vitória*, 10 nov. 2017. Disponível em: https://www.folhavitoria.com.br/geral/noticia/11/2017/apos-perder-a-filha-pai-cria-robo-inteligente-que-detecta-infeccao-grave> – Acesso em: 14 mar. 2014.

SCHIEVENIN, R.; VAZ, C. O anúncio da morte e as informações sobre o velório foram divulgadas no perfil pessoal do cerimonialista nas redes sociais. *Banda B*, 18 jan. 2023. Disponível em: https://www.bandab.com.br/curitiba/cerimonialista-finge-a-propria-morte-organiza-velo rio-e-revolta-familia-e-amigos-queria-saber-quem-iria-vir/ – Acesso em: 14 mar. 2024.

SOLIDÁRIO. In: *Dictionary Oxford Languages*. Londres: Oxford University Press, 2024. Disponível em: https://abrir.link/CVAep – Acesso em: 14 mar. 2024.

TAVARES, O. Mãe de jovem morto por ex-deputado diz que irá às ruas por julgamento. *UOL*, 19 fev. 2014. Disponível em: https://noticias.uol.com.br/cotidiano/ultimas-noticias/2014/02/19/mae-de-jovem-morto-por-ex-deputado-diz-que-ira-as-ruas-por-julgamento.html?cmpid=-copiaecola – Acesso em: 14 mar. 2024.

ZEZINHO (Padre), SCJ. Palavra certa. In: *Missa fazedores da paz*. São Paulo: Paulinas Comep: 1996. 2 CDs (42min11s), faixa 3.

Bloco bíblico

Luto e esperança nas Sagradas Escrituras

4

O silêncio da presença divina
Luto e esperança nas Sagradas Escrituras

Rodrigo de Andrade Costa[9]

O luto é uma experiência complexa que ocorre após a perda de algo ou alguém significativo. Embora seja uma experiência universal, as pessoas podem passar pelo luto de diferentes modos. Cada maneira de viver o luto manifesta legítimos sentimentos diante da perda e podem ser observados em diferentes graus e ordens em cada indivíduo que está passando pelo processo de luto.

A psicologia preconiza que, diante da perda, da dor e do sofrimento, o luto pode se tornar um processo de individuação, ou seja, de crescimento em favor da autorrealização:

> Poderia-se dizer que todo mundo, com sua confusão e miséria, está em um processo de individuação. No entanto, as pessoas não o sabem, esta é a única diferença. A individuação não é de modo algum uma coisa rara ou um luxo de poucos, mas aqueles que sabem que passam pelo processo são considerados afortunados. Desde que suficientemente conscientes, eles tiram algum proveito de tal processo (Jung, 1973, apud Fadiman; Frager, 1986, p. 58).

Desse modo, compreende-se que o enlutamento é uma situação inevitável diante do sentimento de perda, mas quando realizado de modo consciente tende a favorecer processos de geração de sentido para as situações de vida da pessoa enlutada.

Tal compreensão é intrínseca à história da salvação. Na Sagrada Escritura, o luto é mencionado pela primeira vez em Gn 23,2, por ocasião da morte de Sara, esposa

9. Bacharel e doutor em Teologia pela Pontifícia Universidade Católica do Paraná (PUC-PR).

de Abraão. Depois, ganha detalhes ritualísticos em Gn 37,34, quando Jacó rasga suas vestes e cinge-se com pano de saco pela suposta morte de seu filho José, e em Gn 50,3, onde é descrito o funeral de Jacó. Dali em diante torna-se um tema recorrente nas Sagradas Escrituras, pois reflete a experiência humana diante da perda, da dor e da morte. Consequentemente, torna-se possível identificar nos relatos bíblicos algumas fases do luto comuns aos homens e mulheres de todos os tempos, demonstrando como o sofrimento é inerente à condição humana. Com essa constatação, o ensinamento bíblico não aponta para a resignação e passividade, mas para as condições de superação, de individuação, de busca de sentido e de esperança.

4.1 Luto e o silêncio de Deus

A história da humanidade e a própria narrativa bíblica testemunham a jornada humana em busca da felicidade. De um modo geral, isso se traduz em desejar o prazer e evitar o sofrimento. Contudo, esse desejo costuma ser frustrado todas as vezes que a vida se apresenta finita, especialmente diante do falecimento de pessoas próximas e queridas. Nessas ocasiões, o poder e o desejo humano encontram limites, pois não têm capacidade de reviver a pessoa amada. Além disso, diante de um falecimento, toda pessoa se depara com sua realidade última na terra; a morte se manifesta como ocaso da saga humana. Essa frustração gera sentimentos difusos de negação, raiva ou revolta, barganha ou busca de respostas, depressão e resignação, estágios do luto que foram descritos pela psiquiatra suíça Elisabeth Kübler-Ross e que costumam colocar em crise a fé e a esperança até dos mais crentes.

De acordo com Kübler-Ross, apesar de não existir uma ordem sequencial entre as fases de enlutamento, é comum identificar o trânsito da pessoa enlutada entre elas. A negação é uma defesa psíquica na qual o indivíduo nega o problema, tentando não entrar em contato com a realidade. A raiva se manifesta como expressão daquele que se sente injustiçado e inconformado com os acontecimentos. A barganha é a tentativa de negociação ou troca para superar o sofrimento. A depressão expressa o isolamento, a melancolia e a impotência da pessoa que se reconhece como limitada diante das situações de sofrimento. A resignação ou aceitação costuma demarcar a fase na qual o indivíduo aceita a realidade imposta, geralmente atribuindo a ela um sentido que o fará recobrar as esperanças ou ao menos suavizará sua dor (cf. Kübler-Ross, 2008; Kübler-Ross; Keslller, 2005).

A história do povo de Deus, descrita nos livros bíblicos, ilustra inúmeras situações nas quais se fazem presentes esses sentimentos de luto. São diversas as narrativas bíblicas que retratam as reações do ser humano diante de situações que evidenciam seus próprios limites e, consequentemente, sua condição de finitude. Merecem especial atenção as queixas contra Deus, reações humanas de desilusão diante da aparente inação divina.

Desde o Primeiro Testamento, as Escrituras revelam uma dimensão de fé que pode ser descrita como "Teologia do Sábado Santo". "Sábado Santo é o dia da 'solidão dos vivos': Jesus ausente; os discípulos escondidos e cheios de medo; a dor de Maria e das mulheres discípulas" (Palaoro, 2020). Aquele dia imediatamente após a morte e sepultamento de Jesus, cuja liturgia nem sempre se faz compreensível às pessoas de hoje, guarda um simbolismo profundo em torno daquilo que o ser humano busca evitar: o sentimento de solidão, desalento, tristeza, fracasso, crise de fé e questionamento diante do suposto silêncio de Deus:

> Por quê? Essa é também a pergunta que se fazem todos os seguidores de Jesus. [...] Sem dúvida aflige-os a morte de um homem cuja bondade e grandeza de coração puderam conhecer de perto, porém mais cedo ou mais tarde é esse o destino de todos os humanos. O que mais os escandaliza é sua execução tão brutal e injusta. Onde está Deus? Não irá reagir diante do que fizeram com ele? Não é Deus o defensor das vítimas inocentes? (Pagola, 2010, p. 489-490).

Essa angústia dos discípulos "que estavam aflitos e choravam" (Mc 16,10) rememora a experiência do povo de Deus, cuja fé tantas vezes foi provada nas adversidades. Os livros que narram o êxodo dos hebreus outrora escravos no Egito testemunham essa provação por meio dos relatos que testemunham as lamúrias daquele povo contra Deus. Quando se viram perseguidos pelos egípcios, os hebreus reclamaram a Moisés: "Não havia talvez sepulturas no Egito, e por isso nos tiraste de lá para morrermos no deserto?" (Ex 14,11). Em outras ocasiões, conforme descrito em Ex 16,3; 17,3; Nm 11,4-6; 14,1-4; 20,2-5; 21,5 queixavam-se dizendo: "Por que nos fizeste subir do Egito para morrer neste deserto? Pois não há nem pão nem água" (Nm 21,5). Também Gedeão, após a chegada do povo a Canaã, perpetua tais lamúrias quando diz: "Se Javé está conosco, donde vem tudo o que nos acontece? Onde estão todos os prodígios que os nossos pais nos contavam dizendo: 'Não nos fez Javé subir do Egito?' E agora Javé nos abandonou e nos deixou cair sob o poder de Madiã" (Jz 6,13).

Até mesmo os profetas, legítimos mensageiros da Palavra de Deus, quando experimentam o sofrimento não deixam de indagar os desígnios divinos. Diante das perseguições de que era vítima, Jeremias questiona sua condição de dor e sofrimento, chegando a afirmar que para ele Deus seria como "águas nas quais não se pode confiar" (Jr 15,18). O profeta também diz: "Por causa da palavra do Senhor, o dia todo, sou alvo dos ultrajes e dos sarcasmos" (Jr 20,8).

Dentre os livros sapienciais, os Salmos expressam uma ampla gama de emoções humanas, incluindo lamentos e queixas contra Deus. No salmo 22 e no 88, por exemplo, é possível perceber a angústia de quem se sente abandonado por Deus e pede socorro. Não à toa, a expressão "*Eli, Eli, lemá sabactáni*" – "Meu Deus, meu Deus, por que me abandonaste?" –, descrita no Salmo 22,2, será colocada na boca do Cristo crucificado (cf. Mt 27,46) para assegurar a humanidade assumida por Ele.

Por sua vez, todo o Livro de Jó figura como prenúncio da mística do Sábado Santo vivenciada pelos crentes em momento de desolação, pois retrata um fiel em agonia cujos lamentos beiram a blasfêmia, ao mesmo tempo em que suplicam a proximidade divina. Para Jó, mais do que qualquer desgraça, o silêncio de Deus é causador de um sofrimento maior ainda.

Mesmo nos evangelhos, onde é proeminente o anúncio da redenção, não deixam de existir lamentações. É emblemático o episódio da morte de Lázaro, quando Marta e Maria confrontam Jesus, dizendo: "Senhor, se estivesses aqui, meu irmão não teria morrido" (Jo 11,32).

As Sagradas Escrituras atestam ser demasiado humano o sentimento de solidão diante do sofrimento. Costuma ser incompreensível para o ser humano o suposto silêncio de Deus diante daquilo que julga ser injusto. Desse modo, são recorrentes os episódios de lamúrias humanas contra Deus na história bíblica, tal qual sucede aos homens e mulheres de todos os tempos. É próprio da natureza humana expressar revolta, buscar respostas externas, deprimir-se e até entrar em crise de fé diante da perda de alguém ou de algo que lhe é precioso:

> Nossa experiência, como cristãos e como seres humanos, se parece bastante à experiência do Sábado Santo. Não é uma experiência de morte, como a da Sexta-feira Santa; não é tampouco uma experiência de luz, nem de vida, como a do domingo da ressurreição. O Sábado Santo é o dia da ausência e do vazio, o dia do luto, o dia das dúvidas e também das esperanças. É terra de penumbra, tempo de vigília. É um caminho que nos afasta da morte, mas não sabemos para onde nos leva (Palaoro, 2019).

As Escrituras ensinam que o questionamento e a queixa em momentos de dor não representam falta de fé, mas manifestam a ansiedade da espera em Deus. Trata-se de uma verdadeira oração. Para os crentes que se encontram aflitos, a teologia do Sábado Santo indica o sepulcro como símbolo da espera. Ali, onde jaz o corpo sem vida da pessoa amada, predomina a sensação de derrota e fracasso, mas também se faz presente a conclusão de uma história, o coroamento de uma vida capaz de inspirar outras vidas. A experiência dos mortos sempre abre aos viventes a possibilidade de um novo sentido de vida. "É preciso descer, com Jesus, ao túmulo de nossa interioridade, transitar pelos espaços e dimensões não integradas. Só quem desce às profundezas de si mesmo é capaz de vislumbrar potencialidades de vida que não foram ativadas" (Palaoro, 2022).

4.2 A esperança na presença ininterrupta de Deus

Apesar das lamúrias humanas diante da aparente inação divina, as Sagradas Escrituras atestam que a presença de Deus é constante. Não como deseja o imediatismo providencialista do ser humano, mas em uma perspectiva profundamente solidária, a ponto de o próprio Deus tornar suas as dores e angústias dos homens e mulheres de todos os tempos.

Nessa perspectiva, Jesus crucificado, morto e sepultado desce até o extremo da condição humana. Após ter descido ao encontro das mais diversas misérias humanas enquanto cumpria sua missão terrena, reza a Tradição da Igreja que Cristo "desceu à mansão dos mortos" para resgatar toda a humanidade. Uma homilia do Sábado Santo, datada do século IV, afirma que Cristo desce ao encontro de todos aqueles que estão mergulhados nas trevas e na sombra da morte, a começar pelo próprio Adão, exclamando: "Acorda, ó tu que dormes, porque não te criei para permaneceres na mansão dos mortos. Levanta-te dentre os mortos; eu sou a vida. Levanta-te, saiamos daqui; tu em mim e eu em ti, somos uma só e indivisível pessoa". Por meio dessa tradição teológica é possível compreender que,

> lá onde o ser humano chegou ao extremo, onde ele se encontra excluído de toda comunicação e comunhão, onde não pode fazer mais coisa alguma, ali Jesus o toma pelas mãos e ressurge com ele para a vida. Jesus Cristo acolheu tudo quanto é humano e dessa maneira tudo redimiu (Palaoro, 2022).

Jesus acolheu e vivenciou o sofrimento em seu grau máximo que é a morte e assim o redimiu. Tendo ido às regiões sombrias da existência, Ele pôde resgatar o ser humano e transformar toda aflição em esperança. "Pois, tendo Ele mesmo passado pela prova, é capaz de socorrer os que são provados" (Hb 2,18).

Diante da quietude do Sábado Santo que oculta à estrondosa manifestação de Cristo dentre os mortos, compreende-se que o silêncio do sepulcro não referenda a morte, mas guarda uma vida germinal, conforme as palavras do próprio Jesus: "Se o grão de trigo que cai na terra não morrer, permanecerá só; mas, se morrer, produzirá muito fruto" (Jo 12,24). Reconhece-se que o "silêncio de Deus na cruz não significava abandono do crucificado e cumplicidade com os crucificadores. Deus estava com Jesus. Por isso, ao morrer, Jesus encontrou-se ressuscitado em seus braços" (Pagola, 2010, p. 517-518).

Esse mistério salvífico é fundamental para a experiência dos discípulos, outrora desolados:

> Algo aconteceu neles. Todas as fontes o afirmam: viveram um processo que não só reavivou a fé que tinham em Jesus, mas os abriu para uma experiência nova e inesperada de sua presença entre eles. [...] Eles a atribuem a Deus. Só Deus pode estar revelando a eles algo tão grande e inesperado. Sem a ação de Deus, eles se teriam perdido em suas perguntas e cavilações (Pagola, 2010, p. 499).

Quando se sentiram abandonados pelo Pai, descobriram que os momentos de silêncio divino acontecem quando Deus se faz mais próximo. Um Deus que ama não fica indiferente à dor humana. Ele sofre com os que sofrem, chora com aqueles que choram. Quando parece que Deus não vem, Ele já está lá. É o que experimentam concretamente os discípulos que fugiam para Emaús (cf. Lc 24,13-35).

Na verdade, a experiência do caminho de Emaús é um arquétipo do luto vivido pelo povo de Deus ao longo da história da salvação, no passado e no presente. Tal qual os enlutados de todos os tempos, aqueles que se colocam em fuga para Emaús estão tristes e buscando explicações sobre o horror que lhes ocorrera (cf. Lc 24,14.17). Fechados em suas próprias dores e questionamentos, não conseguem perceber a presença do Senhor (cf. Lc 24,15). Por sua vez, Jesus não impõe sua presença, porque se assim o fizesse poderia ser confundido com uma ilusão ou uma visão fantasmagórica, trazendo alegria momentânea, mas gerando maior desilusão quando os deixasse. Jesus propõe uma transformação definitiva que não deixe dúvidas sobre sua real presença. É preciso gerar sentido de vida para que a transformação seja permanente. Por isso recorre às Escrituras para ajudar os discípulos em sua crise de fé (cf. Lc 24,27).

Nesse diálogo em direção a Emaús, é possível que os discípulos tenham lembrado de Abraão, conforme citado por Estêvão (cf. At 7,2-8) e Paulo (cf. Rm 4), recordando que ele havia esperado em Deus mesmo contra toda a esperança (cf. Rm 4,18), atestando para todos que partilham de sua fé (cf. Rm 4,23-24) a fidelidade de Deus às promessas de terra, descendência e bênção (cf. Gn 12,1-3; 13,14-17; 15,1-5).

Para além da fidelidade divina às promessas feitas a Abraão, referendada no chamado de Moisés (cf. Ex 3,7-12) e mais tarde reafirmada pelos profetas no contexto do exílio (cf. Is 4,3-6; 11,10-16; 37,31-32; Ez 37,12-14; Jr 24,5-7; Zc 8,13), os que caminhavam com o Ressuscitado compreendem o modo silencioso de Deus se fazer presente na história da salvação. As Sagradas Escrituras atestam que Deus nunca está ausente. Quando Agar julga estar só em sua angustiante fuga (cf. 16,6), Deus a vê e a socorre antes que ela o invoque (cf. Gn 16,7-12). Quando José é maltratado e vendido por seus irmãos (cf. Gn 37,23-28), Deus o assiste antes de qualquer súplica (cf. Gn 39,2).

Estando Deus sempre presente, experimenta os sofrimentos do seu povo antes de qualquer clamor, fazendo-se conhecer no tempo oportuno (cf. Ex 2,25; 1Cor 15,5-8).

A reflexão e o discernimento sobre os sofrimentos dos antepassados e o modo como Deus os socorreu propicia que os discípulos deixem de olhar somente para si e para suas próprias dores. Quando se queixavam contra Deus, o viam como um forasteiro (cf. Lc 24,18); agora que compreendem o agir divino, já são capazes de convidar o Senhor para ficar com eles: "Fica conosco, pois já é tarde e a noite vem chegando" (cf. Lc 24,29). É a partilha do pão que os tira completamente do estado de medo e tristeza (cf. Lc 24,30-31), a ponto de voltarem imediatamente para Jerusalém, desejando partilhar a esperança com outros companheiros (cf. Lc 24,33). Olhando por essa perspectiva, a esperança cristã é algo que desaprisiona do passado e impulsiona o indivíduo a agir, movendo-o em direção ao outro e ao futuro.

Os discípulos em Emaús, bem como o povo de Deus no Primeiro Testamento, experimentam o silêncio de Deus, mas logo o descobrem junto a eles. Essa experiência perfaz a realidade de todas as pessoas que no luto vislumbram a esperança e o sentido para suas próprias vidas. A descoberta da presença ininterrupta de Deus descortina a figura de um Deus amigo, próximo, solidário, um Deus que sofre com os sofredores, que faz suas as dores humanas e que está sempre disposto a acompanhar a pessoa em seu caminho do luto, ajudando-a no reencontro da esperança e do sentido de vida.

Considerações finais

As Sagradas Escrituras são uma fonte inesgotável de reflexão sobre o luto e a esperança. O destaque dado ao silêncio e à presença de Deus é apenas uma das muitas possibilidades de aprendizado sobre o tema que são oferecidas pelo ensinamento bíblico. De um modo geral, essa abordagem possibilita pelo menos duas grandes considerações: o luto é espaço-tempo de transformação e o silêncio de Deus não significa a sua ausência.

O luto é um processo doloroso que muitas vezes fragiliza a fé e a esperança, levando a questionamentos e desânimo. No entanto, as Escrituras mostram que o luto pode ser um espaço-tempo de transformação e crescimento espiritual. Assim como Jesus desceu ao sepulcro e ressurgiu para a vida, o luto nos convida a descer às profundezas de nossa própria interioridade, confrontando as nossas dores e limitações. É nesse processo de introspecção que podemos encontrar novos sentidos para a vida e despertar potencialidades que não foram ativadas. O luto, portanto, não é o fim, mas uma jornada que nos leva a uma compreensão mais profunda de nós mesmos e da presença de Deus em meio ao sofrimento.

Apesar da angústia e do questionamento humano diante da aparente inação divina perante o sofrimento e a morte, as Escrituras demonstram que a presença de Deus é constante. Mesmo quando parece que Deus está em silêncio, Ele está presente e compartilha das nossas dores e angústias. O silêncio de Deus no Sábado Santo não é um abandono, mas guarda uma vida germinal, uma esperança que se manifesta na ressurreição. A experiência dos discípulos que encontraram Jesus ressuscitado em seu caminho para Emaús nos lembra que, mesmo quando nos sentimos abandonados, Deus já está lá. A esperança reside na certeza de que, no tempo certo, Deus revelará algo novo e inesperado.

Referências

FADIMAN, J.; FRAGER, R. *Teorias da personalidade*. São Paulo: Harbra, 1986.

KÜBLER-ROSS, E. *Sobre a morte e o morrer*. São Paulo: Martins Fontes, 2008.

KÜBLER-ROSS, E.; KESSLER, D. *On grief and grievining*: finding the meaning of grief through the five stages of loss. Nova York: Scribner, 2005.

PAGOLA, J. A. *Jesus*: aproximação histórica. Petrópolis: Vozes, 2010.

PALAORO, A. *O que o Sábado Santo nos ensina?* São Leopoldo: Instituto Humanitas Unisinos, 14 abr. 2022. Disponível em: https://www.ihu.unisinos.br/categorias/42-comentario-do-evangelho/617602-o-que-o-sabado-santo-nos-ensina – Acesso em: 20 mar. 2023.

PALAORO, A. *Sábado Santo*: descer com Jesus aos infernos interiores e sociais. São Leopoldo: Instituto Humanitas Unisinos, 17 abr. 2019. Disponível em: https://www.ihu.unisinos.br/categorias/42-comentario-do-evangelho/588465-sabado-santo-descer-com-jesus-aos-infernos-interiores-e-sociais – Acesso em: 20 mar. 2023.

PALAORO, A. *Um longo e esperançoso Sábado Santo*. São Leopoldo: Instituto Humanitas Unisinos, 9 abr. 2020. Disponível em: https://www.ihu.unisinos.br/categorias/42-comentario-do-evangelho/597932-um-longo-e-esperancoso-sabado-santo – Acesso em: 20 mar. 2023.

5
Luto e sofrimento humano no Antigo Testamento

Marcelo Lessa[10]

Medo, insegurança, incertezas, dores, luto, privações, isolamento, solidão são algumas das sensações tão presentes na alma humana que desencadeiam algo com o qual dificilmente sabemos lidar: o sofrimento. Diante da perda de um ente querido, por exemplo, parece que tudo perde o sentido, que a esperança já não tem mais motivo de ser, que a felicidade é uma ilusão esvaindo-se com a realidade única do sofrimento. O mundo, neste momento, parece uma grande sala escura, sem janelas nem portas, onde a saída parece permanecer ali, mergulhada na noite de um luto que nos dá a sensação de eternidade.

Talvez, essa noite mais escura do que as demais, tenha sido a mesma experiência dos discípulos de Jesus diante de sua morte. Provavelmente, a dor de um sofrimento que parece insuportável tenha sido a degustação do amargo provado por Maria ao ver seu filho ter a vida arrancada de si. A escuridão diante dos olhos dessa mulher pode ter sido tão intensa que ela não conseguisse enxergar nada mais além de angústia e dor. O véu do sofrimento parece cobrir qualquer fagulha de esperança. Toda aquela mensagem de um Novo Reino, feito de justiça e de paz, parece ter sucumbido à realidade da morte; a Boa-nova parece ter sido aprisionada pela pedra da tumba.

Até que a Revelação se tornasse plena em Jesus, o povo de Deus percorre uma longa jornada, vivenciando muitas situações de alegria e tristeza, de liberdade e escravidão, de bem-aventurança e sofrimento. Mas como um povo escolhido por Deus pode sofrer? Com essa pergunta, vamos visitar as reflexões a respeito do sofrimento feitas antes de Jesus, isto é, pelo povo do Antigo Testamento.

---

10. Bacharel em Teologia pela Pontifícia Universidade Católica do Rio de Janeiro. Mestrando em Teologia Bíblica pela Pontifícia Universidade Católica do Rio de Janeiro. E-mail: mslessa@gmail.com

5.1 "Meu Deus, meu Deus, por que me abandonaste?"

Os evangelhos registram um lamento de Jesus na cruz: "Meu Deus, meu Deus, por que me abandonaste?" (Mt 27,46; Mc 15,34). Uma expressão que ouvimos nas leituras da liturgia, especialmente no Tríduo Pascal. Na verdade, é uma oração do povo judeu, ou seja, no momento de sofrimento, Jesus ora ao Pai segundo a tradição de seu povo. Esse clamor está nos Salmos (cf. 22,2), livro muito usado pelos judeus para orações de súplicas e para entoar louvores a Deus. Os Salmos são uma coletânea de obras para serem recitadas ou cantadas, são livros para serem rezados (cf. Schökel, 1996, p. 12), um conjunto de louvores, agradecimentos, mas também de súplicas destinadas a Deus em momentos de profundo sofrimento, escritas no decorrer de seis a oito séculos (cf. Asensio, 1997, p. 258), contemplando hinos, ações de graças, recordações, sabedoria, realeza, confiança e lamentos (cf. Harman, 2011, p. 33-35), Nessa perspectiva, o salmo 22 será o nosso fio condutor para esta primeira reflexão acerca do sofrimento sob a ótica do Antigo Testamento[11]. No entanto, a sensação da ausência de Deus, experimentada por aquele que sofre, não é uma novidade que somente aparece nos Salmos. Podemos encontrar esse sentimento em muitos outros textos que compõem o Antigo Testamento.

Diante do sofrimento do cativeiro na Babilônia, o povo israelita reflete sobre a escalada do mal, atribuindo o surgimento do embrião das disputas entre os povos a Caim (cf. Gn 4,1-16). Podemos dizer que Caim é alguém que sofre por não conseguir lidar com seus próprios pecados; sofre tanto que vive ressentido, levando esse ressentimento às últimas consequências, com o assassinato de seu irmão mais novo (cf. Lessa, 2022, p. 72-87). Para o crente, não sentir a presença de Deus ou sentir-se abandonado, até mesmo rejeitado, causa profundo sofrimento. Nossa impotência é revelada por essa aridez, pois, quando pensamos que Deus está ausente, desvela-se a nossa fragilidade ou nossa infantilidade na busca do relacionamento com o Absoluto (cf. Larrañaga, 1982, p. 163).

O salmo 22 começa efetivamente com um lamento: "Meu Deus, meu Deus, por que me abandonaste, descuidando de me salvar, apesar das palavras de meu rugir?" (v. 2)[12]. A suposta ausência daquele de quem se espera o socorro causa um incômodo profundo. Não há resposta de dia, não há descanso à noite (v. 3). No texto, não é o orante quem se afasta, mas é o próprio Deus que se distancia. Para isso, usam-se os termos "abandonar" (v. 2), "não responder" (v. 3) e "não ajudar" (v. 12) (cf. Schökel, 1996, p. 362).

11. Essa numeração é referente à Bíblia hebraica. Na Bíblia católica, este salmo é o 21, porque seguimos a tradução grega Septuaginta (tradução dos Setenta ou LXX).

12. O versículo 1 é uma espécie de título que apresenta a oração que virá.

Na tradição judaico-cristã, o ser humano foi criado à imagem e semelhança de Deus (cf. Gn 1,26). Para o sábio, é o homem quem busca Deus e, por isso, acredita possuir o domínio da realidade que o rodeia (cf. Líndez, 2014, p. 60-61). Diante do sofrimento humano, algo de desconhecido passa a permear a reflexão do sábio; o sofrimento pode atingir a todos, inclusive os justos podem ser feridos pelo flagelo da dor, dos infortúnios. Por isso, o salmista, um homem justo, se vê atordoado diante do sofrimento sem resposta de seu Deus, recorre a Ele insistente e desesperadamente sem perceber retorno algum. Mesmo assim, deposita toda a sua confiança no único que pode salvá-lo do desastre iminente.

No versículo 4, o orante lembra (à assembleia) quem é Deus: Ele é o Santo que habita o Templo. Seus antepassados recorreram a Ele e foram salvos da desgraça (v. 5-6). Por isso, nos versículos 5 e 6 o verbo "confiar" se repete três vezes. O suplicante vai tomando consciência da sua situação social, um mísero verme diante dos homens (v. 7). Não se trata de condição humana ou de uma conjuntura política. É a relação com seus adversários que determina o motivo de sua angústia (cf. Schökel, 1996, p. 364-365). Diante dessa situação, os escarnecedores caçoam do sofredor crente: "Que ele recorra a Deus, que Ele o liberte, que o salve, se é que o ama!" (v. 9). É a mentalidade arcaica de achar que o sofrimento não atinge o justo; substitui-se o Deus misericordioso por um sádico vingador que pune quem não segue rigorosamente os seus mandamentos. Se assim fosse, estaríamos todos, sem exceção, fora do plano salvífico de Deus, porque todos pecamos.

Ainda que pequemos, continuamos pertencentes a Deus, desde o nascimento. Todo nascimento é uma etapa violenta na vida do ser humano. Entretanto, aquele que nos arranca do ventre da mãe é o mesmo que nos aconchega em seu seio, nos acomoda para nos seios maternos encontrarmos abrigo e alimento (v. 10). Saímos do seio materno para irmos ao encontro de Deus (v. 11). Esta é a finalidade última de todos nós: estarmos com e em Deus, bem como de participarmos da eternidade no Eterno.

Os versículos 13-19 falam das feras, animais promotores da morte. As metáforas que o salmista usa para falar de seus inimigos é um recurso da poesia bíblica que visa potencializar as emoções e aguçar o pensamento (cf. Harman, 2011, p. 131). Agora existe a angústia de se ver diante da poeira da morte (v. 16). Os olhos desconjuntados, a sensação de ter o coração derretendo, a secura na boca a ponto de a língua colar no maxilar não são outra coisa senão a presença real da morte (v. 15-16).

A súplica é retomada nos versículos 19-22. Este não é um novo apelo; é, na verdade, uma continuidade do primeiro. Ao suplicar para que seja salvo da espada (v. 21), certamente o salmista fala da maldade humana. Mas a ferocidade é irracional, uma brutalidade animal. Em uma situação de completa desvantagem, na absoluta fraqueza, a força do que sofre vem de YHWH (cf. Mettinger, 2020, p. 37-44)[13], e o socorro precisa ser rápido, porque a situação é gravíssima (v. 20). A busca da presença que brota no coração do fiel passa pela prova desse Deus que também se oculta (cf. Collin, 1997, p. 51).

A partir do versículo 23, ficamos perante um grande louvor, a seção mais longa do salmo 22. Isso significa dizer que os motivos para agradecimento são maiores do que os da súplica. Desfralda-se, então, um extenso hino litúrgico de exaltação no estilo que permeia todo o Livro dos Salmos, a poesia. O salmista utiliza-se do recurso de estruturas poéticas, com seus sons, ritmos, imagens, métricas, para transmitir uma mensagem que dificilmente seria assimilada por meio de um texto corrido (cf. Asensio, 1997, p. 280). É uma forma didática para o ensino das tradições também dentre aqueles que estavam dispersos pelo mundo após o cativeiro na Babilônia, de maneira pública, nas assembleias judaicas conhecidas como sinagogas (cf. Konings, 2018, p. 97).

Nessa seção do salmo 22 (v. 23-32) há uma progressão na forma litúrgica, como se fossem ondas sucessivas, com as mesmas águas do louvor, em sequência crescente (cf. Schökel, 1996, p. 368-369). O nome do Deus em quem o salmista confia – YHWH (יהוה) – se repete por quatro vezes (v. 24, 27, 28 e 29) para enfatizar a esperança do orante. Assim, podemos supor que o salmista queira fazer uma relação com a simbologia do número 4 – quatro pontos cardeais, quatro fases da lua, quatro ventos, quatro rios do paraíso (cf. Becker, 1999, p. 230) –, enfatizando a grandeza de Deus acima do que até então se proclamava. Mas o louvor não é uma ação individual. O "eu" orante só acontece no "nós" da comunidade. "[Eu] anunciarei teu nome aos meus 'irmãos'" (v. 23a); "[eu] te louvarei no meio da 'assembleia'" (v. 23b); "de ti vem 'meu' louvor na grande 'assembleia'" (v. 26a); "[eu] cumprirei meus votos frente 'àqueles que o temem'" (v. 26b).

Quando um cristão sofre, toda a comunidade de fé compartilha desse mesmo sofrimento. A mensagem que está por trás dessa súplica é a dimensão comunitária da alegria, do louvor, mas também dos infortúnios. Diante da experiência de luto, de sofrimento, Deus parece esconder-se, abandonar-nos. Entretanto, dele é a última palavra. E o incômodo gerado pelo suposto silêncio divino só é possível a partir da

---

13. O tetragrama YHWH (יהוה) se refere ao nome "real de Deus" que a *Bíblia de Jerusalém* traduz como "Iahweh" e a Bíblia Edição Pastoral traduz como "Javé". O próprio Deus se denomina assim em Ex 6,2-3 para estabelecer uma diferença entre Ele e os ídolos; não é um senhor nem um deus qualquer, mas o Único Deus, que possui um nome impronunciável, pelo qual seu povo o reconhece.

experiência da fé. Somente aquele que crê ama; e somente o que ama sente falta, se incomoda com a ausência. Por isso, o salmista deposita sua confiança naquele que é a "força minha" (v. 20b). Nascemos de um sonho eterno e este poço infinito que somos só poderá ser ocupado por completo pelo Infinito (cf. Larrañaga, 1982, p. 12).

É essa certeza de que Deus está no controle da história humana que deve estar na mensagem do agente da Pastoral da Esperança. A dor da perda dilacera, a realidade da morte nos faz experimentar o abandono de Deus. Isso porque, diante da morte, o Deus da vida não pode estar presente; essa é a sensação do que sofre. E como falar sobre este Deus que sopra em nossas narinas o espírito da vida (cf. Gn 2,9), que se faz um de nós para que todos tenham vida (cf. Jo 10,10), diante da sensação de completo abandono experimentada por aquele que padece? Será que sempre há algo a se dizer? Continuemos nossa reflexão para descobrirmos se, diante da dor da ausência, as palavras são sempre necessárias.

5.2 Ferido por Deus e humilhado

Por muitas vezes nos deparamos com boas pessoas que passam pela experiência do sofrimento. De imediato pode vir-nos a pergunta: Mas como pode alguém tão bom sofrer assim? O sofrimento do justo é algo que nos incomoda. Os profetas, por exemplo, são aqueles que trazem consigo a mensagem "oficial" de Deus; portanto, são inegavelmente pessoas justas. Ainda assim, ao lermos a literatura profética, nos deparamos com os inúmeros relatos de lamentos que explicitam seus sofrimentos. Os profetas da Bíblia geralmente nem eram assim chamados. Isaías, assim como Jeremias e Miqueias, por exemplo, quase nunca são chamados profetas (em hebraico איבִנָ – *nābî'* – "mensageiro", "porta-voz"); eles são comumente denominados videntes (הזֶח – ḥ*ōzeh* – "vidente", o que vê em uma visão) (cf. Lima, 2012, p. 79-81). Mas Deus se utilizava dos profetas para tentar fazer com que o seu povo voltasse à aliança proposta por Ele.

Os profetas eram comumente hostilizados por portarem uma mensagem que requer uma mudança de conduta, como a prática da justiça, por exemplo. Com isso, o sofrimento era algo recorrente na vida desses mensageiros de Deus. Tomaremos como exemplo um dos cânticos do Servo Sofredor de Isaías para refletirmos sobre a dor e o sofrimento daquele que tem o privilégio de portar uma mensagem pessoal de Deus. Assim, perceberemos que o sofrimento não é uma exclusividade daquele que se afasta de Deus, pois também e sobretudo assola o que responde positiva e radicalmente ao chamado divino.

Para nossa reflexão acerca do sofrimento, usaremos um dos quatro cânticos do Servo Sofredor (Is 52,13–53,12), que a Igreja associa facilmente a Jesus. De fato, as características do servo em questão se assemelham deveras com aquilo que sabemos sobre Jesus nos quatro evangelhos. Mas vamos tentar nos limitar ao texto em seu contexto judaico.

No início do cântico, o autor aponta para um Deus que toma a palavra: "Eis que meu servo..." (Is 52,13a); e essa palavra não é destinada a um pequeno público, mas a "multidões" de nações (v. 14a) (cf. Wiéner, 1980, p. 47). Da parte de Deus, podemos perceber os termos positivos em relação ao servo: Ele prosperará, se elevará, será exaltado, será posto nas alturas e deixará nações e reis estupefatos, em silêncio, diante de sua grandeza (v. 13-15). A partir do capítulo 53, o "eu" dá lugar ao "nós", que marca o capítulo 53 e representa Israel que não havia percebido o "braço do Senhor" (cf. Oswalt, 2011, p. 464-465). O quarto cântico do Servo Sofredor vai se desenvolvendo conforme a dinâmica da história dramática vivida pelo povo de Israel[14]. O sofrimento do servo de Deus vai sendo percebido pelo povo como seu próprio sofrimento. Nas condições de cativeiro na Babilônia se perde a dignidade física e moral, especialmente o mais pobre, o torturado e o ferido (cf. Souza, 1984, p. 300). O servo assume todas as adversidades do povo. Aliás, histórias lendárias sobre os martírios dos profetas foram utilizadas até o século II d.C. para servir como exemplo de fé, destacando-se entre elas o "martírio de Isaías" (cf. Pérez; Martínez; Fernández, 2013, p. 337-338). Mas esse drama começa porque o servo não trazia em si as características do "braço de YHWH" que o povo esperava. Por isso, ele foi ignorado pelos homens, desprezado e abandonado à própria sorte.

A sensação que se teve em relação a alguém que sofre tanto é que ele tenha sido ferido por Deus e, assim, humilhado (v. 4b). Na segunda parte do cântico, o povo faz memória, descreve as características insignificantes do servo e percebe que ele carregava em si a culpa de muitos, talvez das multidões mencionadas na primeira parte. A ausência de traços de beleza tem como consequência o desprezo que sujeita o outro à dor e ao sofrimento. As transgressões de uns, ou seja, a ausência da prática da justiça, faz com que outro sofra em sua carne os ferimentos provocados pela iniquidade que não pertence a ele.

O Servo Sofredor carrega em si os frutos da injustiça social gerada pela sociedade da época, que menospreza o direito. O principal motivo do juízo divino é a idolatria, pois esta suplanta a Lei de Deus, geradora de justiça, substituindo-a por cultos a divindades estrangeiras, promotoras da desigualdade social e do sofrimento (cf. Lima, 2012, p. 118-119). Assim, o resultado natural do afastamento de Deus é o pecado, que

14. O Livro de Isaías, como tantos outros livros da Bíblia, é construído durante um longo período de tempo; ele começa no período pré-exílico (Babilônia), continua durante o exílio e termina apenas no pós-exílio.

se desdobra em injustiça, que por sua vez gera o sofrimento de todos, especialmente dos mais vulneráveis, ainda que justos.

Em nossos dias, muitos irmãos sofrem não por seus pecados, mas pelo pecado cometido por nós como sociedade. Quando nos deslocamos de nossa posição privilegiada e entramos nessa realidade de miséria e dor, somos capazes de compreender que os desprezamos e escondemos o rosto diante deles (v. 3). Se não fazemos esse movimento de saída de nós mesmos, caímos no mesmo equívoco daquele povo, de achar que sofredor foi alguém "ferido por Deus e humilhado" (v. 4b). O sofrimento dos pobres não apenas gera neles sofrimento e angústia temporal, mas também os assola com a realidade latente da possibilidade de morte.

Aqui mergulhamos na mais sombria aflição do Servo Sofredor. Como estamos falando de prática sacrifical, a morte é uma realidade inevitável. Mas não é uma morte que acontece no final de uma longa vida. É uma morte mistanásica, ou seja, uma morte fora das condições naturais, provocada por nossos pecados sociais; mistanásia é a morte evitável, fruto da violência, trânsito, suicídio, negligência, corrupção etc. (cf. Ricci, 2017, p. 47-55). E o sacrifício só existe porque há um pecado a ser expiado. É preciso admitir que o sofredor "foi trespassado por nossas transgressões e esmagado por causa de nossas iniquidades" (v. 5). Diante da realidade da morte, o silêncio toma conta da vítima. Em Is 53,7-9 por duas vezes o autor do livro nos diz que ele "não abriu a boca". Esse conjunto de versículos forma uma estrofe que nos apresenta três elementos relativos ao servo: sua submissão, sua inocência e a injustiça cometida contra ele (cf. Oswalt, 2011, p. 476). A prisão e o julgamento do servo não parecem preocupar sua geração (v. 8). As prisões e julgamentos sumários que acontecem nas periferias de nossas cidades não parecem preocupar os privilegiados. Alguém que representa o "braço de YHWH" é sepultado entre os ímpios e os ricos, ainda que não houvesse reagido nem profanado ninguém nem coisa alguma (v. 9). Os invisíveis e emudecidos de nossa sociedade são enterrados como indigentes, ainda que não tenham esboçado reação alguma; invisibilizados em vida, invisibilizados postumamente.

A Escritura Sagrada tem uma mensagem perene, e podemos sempre descobrir uma comunicação nova de Deus contida nas entrelinhas. Todos os dias um inocente perece por causa de nossa indiferença, por causa de nossa apatia, por causa de nossa inércia diante de estruturas injustas. Esses pecados sociais que cometemos produzem uma espécie de categorização de pessoas, como se pudéssemos ser divididos por ordem de importância. Aquele que sofre é visto como um "castigado por causa de seus pecados"; por isso, muitas vezes se vê rejeitado pelo coletivo. Porém, a leitura de Isaías que acabamos de mencionar aponta para uma sociedade doente, pecadora, individualista, não sendo o sofredor a causa dos infortúnios; estar fora da vida comunitária é o mal que Isaías quer denunciar (cf. Boer, 1998, p. 87-88). Como membros do povo de Deus, os agentes da Pastoral da Esperança precisam entrar na vida do mais fragilizado, sentir suas dores; só assim poderão assumir uma conduta acolhedora, inclusiva, que gere esperança e consolação.

Ainda que o sofrimento assole também o justo, a Deus sempre pertence a última palavra. Os versículos 10-12 de Isaías 53 nos trazem uma mensagem de vitória final de Deus e de seu servo. Aquele que doa a sua vida em sacrifício expiatório verá sua descendência perpetuar seus dias (v. 10). A ação divina é sempre em favor do oprimido, do miserável (Ex 3,7-8). O sucesso do sacrifício do Servo é a remissão dos pecados de muitos. O que nos marca no texto é este movimento de saída de nós mesmos para o lugar daquele que sofre, de sentirmos suas angústias, de vivermos seus dramas, de vestirmos seu luto com a certeza de que, no final da trajetória do ser humano, a última palavra pertence a Deus. Tal palavra é geradora de vida, e vida em abundância, para todos que a queiram.

5.3 "Esperei felicidade, veio-me a desgraça; esperei luz, veio-me a escuridão"

Propomos agora uma última reflexão acerca do sofrimento humano com o livro que talvez expresse com maior clareza as vicissitudes humanas, o Livro de Jó. Essa obra requer muita meditação e atenção. É um livro profundo, de construção única; somente ele aborda a mesma temática do início ao fim em todo o Antigo Testamento. Nós nos ateremos somente a iluminar o caminho trilhado por aquele que reflete sobre as palavras dessa belíssima obra sapiencial.

Quando se fala de Jó, fala-se sobre o sofrimento extremo, mas abordado de forma poética. Fugindo desse esquema, temos um prólogo (1–2) e um epílogo (42,7-17) – ambos construídos em prosa – que emolduram toda a estrutura em poesia do livro (cf. Líndez, 2014, p. 138). Essa forma de produção literária não é um capricho do autor ou uma obra do acaso. Escrever em versos é uma marca muito presente na literatura sapiencial. O Livro de Jó, portanto, não tem a pretensão de mostrar-se como um documento histórico, mas carrega consigo uma mensagem teológica, uma narrativa fictícia para falar do sofrimento humano (não apenas de Jó) e para tentar responder a pergunta que imediatamente povoa o imaginário do justo que sofre: Onde está Deus? (cf. Schönberger, 2011, p. 8).

Há uma enorme facilidade para explicarmos o sofrimento daquele que julgamos culpado, como se pudéssemos ter a prerrogativa de juízes. Porém, entender o sofrimento do justo nos coloca diante de um tremendo desafio. Falar de um Deus que é

Amor enquanto há um sem-número de pessoas justas que sofrem nos desconcerta. A figura de Jó tem também essa finalidade de desmoronar nossas pretensões de definição do que é ou não permitido, de estipular o que é o bem e o que é o mal. Diante de nossa suposta sabedoria, nos deparamos com alguém que era tudo e, de repente, passou a ser nada, um invisível.

O primeiro versículo do livro nos traz quatro atribuições positivas de Jó: íntegro, reto, temente a Deus e pessoa que se afasta do mal. Fora desse livro, o nome de Jó só se repete, no Antigo Testamento, em Ez 14,14.20. Entretanto, ele aparece em muitos textos orientais do século II a.C. Isso demonstra que a mensagem do livro não é direcionada especificamente a Israel, mas possui em si um alcance universal (cf. Schönberger, 2011, p. 9). Este "filho do Oriente" (1,3) era um homem muito bem-sucedido; tinha muitas posses e muitos filhos também. Os números "7" e "3", apresentados nos versículos 2-4, são simbólicos e estão relacionados à perfeição; quando multiplicados por mil, simbolizam a infinitude das bênçãos de Deus. Jó é o modelo de homem abençoado por causa de sua conduta.

Diante de tantas bênçãos, permanecer temente a Deus parece ser uma tarefa simples ao homem religioso. Não há infortúnios para abalar essa relação; recebo as bênçãos e mantenho uma conduta justa em agradecimento. É neste "toma lá dá cá" que o adversário aposta suas fichas. O termo satã não tem a função de nomear alguém. Não é um adversário qualquer, mas "o" adversário" (וְשָׂטָה – *ha-śāṭān* – "o adversário", "o acusador"). E esse adversário está entre os filhos de Deus (cf. 1,6), ou seja, não é alguém desconhecido, fora da convivência. Satã tem uma função específica na corte celeste, sendo o responsável por "fiscalizar" as ações humanas e "acusar" a má conduta. Não é, portanto, um ser, mas uma atribuição (cf. Líndez, 2014, p. 139).

Deus aposta na gratuidade da conduta de Jó; satã tem a certeza de que toda bondade deste justo é interesseira. Em um primeiro momento, temos a sensação de que Deus não é tão bom assim por permitir que satã atente contra Jó. Além disso, Deus não parece ter o domínio sobre a história humana, pois precisa de uma prova para ter certeza do caráter de alguém. Nessa dinâmica, satã "fere" Jó, com a permissão de YHWH, em uma escala crescente, de fora para dentro. Primeiro, ocorre a perda de suas posses (cf. 1,13-17); segundo, a morte de seus dez filhos, vítimas de uma catástrofe natural (cf. 1,18-19); por fim, depois de uma nova investida do acusador, Jó é ferido em sua própria carne. Os percalços da vida atingem também um homem justíssimo. Assim, o livro quer fazer uma crítica à teologia da retribuição presente no pensamento judaico da época.

A repentina falta das condições para o sustento seu e de sua família é certamente motivo de angústia e sofrimento. Podemos observar ao nosso redor quantas famílias perdem todos os seus bens em catástrofes e experimentam a realidade do desespero. Imaginemo-nos no lugar de alguém com uma vida confortável e próspera que perde todos os seus bens de uma hora para outra. Ou mesmo de quem tem somente o necessário para sobreviver e se vê acometido por este tipo de calamidade. Podemos supor o desespero.

Perder qualquer pessoa querida para a morte é uma experiência bastante dolorosa. Ouso agora dizer que, na realidade do luto, a mais dilacerante deve ser a morte de um filho. Isso porque o curso natural da vida é, inevitavelmente, nosso nascimento, desenvolvimento, envelhecimento e morte. O que acontece naturalmente é o falecimento dos pais, porque chegam ao final da jornada antes dos filhos. E quando essa lógica se inverte? Essa lança "atravessa" o peito de Jó. Em um segundo ato dessa sucessão de tragédias, algo ainda mais terrível acontece com o nosso homem justíssimo: seus dez filhos morrem vítimas de uma catástrofe "natural". Tudo era inesperado para Jó, mas a morte de seus filhos talvez tenha sido o evento que verdadeiramente trouxe a ele a escuridão da dor profunda. É a mesma experiência de tantos pais e tantas mães que passaram pelo vale tenebroso da perda de um ou mais filhos. É nessa hora que Jó percebe que nada pode ser levado de volta ao pó (cf. 1,21); percebe também que Deus sofre junto com ele e por isso não acusa YHWH (cf. 1,22). Diante da serenidade de Jó, satã tenta seu último recurso. Tem a permissão de Deus para ferir a carne de Jó.

As feridas descritas em Jó 2,7 certamente eram classificadas como lepra, o que tornava a pessoa impura e proibida de participar dos cultos coletivos. Ainda assim, diante de todo esse sofrimento incalculável, Jó se mantém justo. É uma figura que serve para discussões posteriores acerca do sentido ou da falta de sentido para o sofrimento humano (cf. Líndez, 2014, p. 139). A dor do justo é solitária. Não tem mais seus filhos, sua mulher o abandonou. Mas a dor do luto é sempre solitária. O que fazer diante de alguém assolado por tamanho sofrimento? Talvez a resposta seja a atitude primeira dos amigos de Jó.

Ao saberem do ocorrido, seus amigos foram ao seu encontro. Chegando lá, nada disseram; permaneceram em silêncio com o amigo sofredor por sete dias (cf. Jó 2,11-13). Esse silêncio é uma forma de oração, é uma quietude interior para ouvir o que Deus tem a dizer; é algo que a comunidade precisa valorizar, essa oração silenciosa, cheia de significados (cf. Souza, 1984, p. 345). A solidariedade silenciosa deve ser a primeira atitude do agente de pastoral em relação ao que sofre especialmente a dor do luto. O silêncio solidário certamente carrega em si uma enorme gama de significados. Ser comunitário é sentir a dor do outro e viver seus dramas. A ausência de palavras é a presença de um espírito sendo preparado para romper o silêncio no momento em que o sofredor achar oportuno.

O rompimento do silêncio de Jó abre uma série de discursos, e objeções são dispostas em forma de poemas didáticos. O homem justo e passivo do prólogo se mostra agora inconformado com as tragédias ocorridas em sua vida sem que ele conhecesse pecado que as justificasse. Seu discurso põe em xeque a utilidade de sua existência. Para Jó, a morada dos mortos seria a forma ideal de evitar o sofrimento, porque em vida, naquele momento, ele só conseguia enxergar tormento (cf. 3,26). A figura de Jó agora representa as fraquezas da humanidade, as limitações humanas. É esse momento de dor extrema que revela em nós as fraquezas mascaradas pelo "piedosismo" e nos conduz de volta ao caminho que nos leva àquilo que verdadeiramente fomos destinados a ser.

O lamento de Jó começa a revelar-nos a imensidão de sua miséria; ele deseja a morte porque a vida já perdeu o sentido. Os três "porquês" em Jó 3,10-12 têm o mesmo fundo de lamentação do salmo 22 (cf. Schönberger, 2011, p. 20-21). A partir do capítulo 3 a estrutura do livro se dispõe da seguinte maneira: o primeiro discurso de Jó (cf. 3); a primeira rodada de debates entre seus amigos (cf. 4–14); a segunda rodada de debates (cf. 15–21); a terceira rodada de debates (cf. 22–28); o segundo discurso de Jó (cf. 29–31); o discurso de Eliú, personagem até então desconhecido (cf. 32–37); a resposta avassaladora de YHWH em dois discursos (cf. 38–41); a resposta de Jó (cf. Fokkelman, 2012, p. 203-313).

Os discursos dos amigos procuram achar respostas para o drama de Jó. Elifaz, Baldad e Sofar tentam em vão achar respostas. Querendo defender a justiça divina, eles acabam por desprestigiá-la. Diante de todas essas exposições, Jó continua não encontrando motivos para seu infortúnio; dá-se conta da disparidade de forças, entra em confusão, ora querendo a morte (cf. 6,8-9; 10,18-19), ora se agarrando à vida para que seja inocentado de algum pecado cometido (cf. 27,2-4) (cf. Asensio, 1997, p. 140-141). Ainda assim, o refúgio desse homem justo que sofre não é outro senão o próprio Deus, por ele chamado de *Shaddai* (שַׁדַּי – *šadday* – "aquele que nutre, sustenta"); mesmo indignado com sua situação, recorre ao único digno de confiança (19,25-26; 23,17).

As palavras assoberbadas silenciam o Senhor. Para que Deus fale, precisamos nos silenciar. Somente a partir do silêncio dos homens, Deus começa a falar (38–41). O discurso divino não tem a intenção de autoexaltação, Deus não quer falar de si, mas do homem. Trata-se do ser humano que é exposto nesse discurso. Todos os preceitos religiosos seguidos rigorosamente por Jó se esvaem diante da profundidade do Mistério de Deus. Não significa dizer que os ritos não sejam importantes, mas sim que o rigorismo religioso acaba por esconder o essencial da fé.

Jó é encurralado com mais de trinta perguntas retóricas; a sabatina vai se acelerando com perguntas em pares a partir da metade do discurso. Não há outra resposta possível a não ser o "não" (cf. Fokkelman, 2012, p. 301-302). Diante da infinitude de Deus, Jó reconhece sua finitude a ponto de dizer que seus olhos "viram" o Senhor (cf. 42,5-6). Trata-se não da visão com os olhos, mas da percepção de uma nova dimensão de Deus. Foi no silenciar que, em meio à tempestade que avassalava sua vida, Jó pôde ouvir o que Deus tinha a dizer (cf. 38,1). A restituição em 42,11-16 é a afirmação de que a última palavra pertence a Deus e ela é sempre positiva, é a oportunidade de crescimento. É Ele quem conduz a história; Ele tem o tempo sob seu absoluto controle.

Considerações finais

A proposta desta reflexão é justamente exercitar o silêncio compartilhado com aquele que sofre. Não se trata de ausência de palavras, mas sim de presença de silêncio, para que Deus fale em meio às tempestades da dor, do luto, das perdas... Somos apenas agentes de intercessão, mas nossa primeira atitude é silenciar-nos diante do sofrimento alheio. Silenciar significa ser presente com tudo que somos, significa convidar aquele que sofre a ficar consigo mesmo, a abrir-se ao conforto do Espírito, a estar atento ao que Deus tem para dizer.

Neste capítulo, tomamos como base a literatura do Antigo Testamento, da qual a nossa fé é herdeira. Rezamos juntos a oração de Jesus na cruz, o salmo 22; meditamos sobre a figura do Servo Sofredor em Isaías, personificada, posteriormente, por Jesus; refletimos sobre a dor do justo Jó que perde o sentido da vida. Essas experiências do povo da Primeira Aliança servem para ajudar àqueles que lidam com o sofrimento humano nas ações pastorais. O que fazer diante da profunda dor do outro? Estar presente! Compadecer-se! Lembrando sempre que é Deus quem consola, nós somos, quando muito, instrumentos de sua presença. É isso que o salmista, Isaías e Jó vêm nos indicar nesta espécie de "catequese". Diante da dor profunda, quando nada mais parece fazer sentido, Deus dá a última palavra. Para ouvi-la é preciso silenciar-nos diante do Absoluto, convidarmos o que sofre a mergulhar nesse silêncio esperançoso. Que a Sagrada Escritura seja sempre nossa fonte de meditação, oração e reflexão. Porque "passarão o céu e a terra; minhas palavras, porém, não passarão" (Mt 24,35).

Referências

ASENSIO, V. M. *Livros sapienciais e outros escritos*: introdução ao estudo da Bíblia. São Paulo: Ave-Maria, 1997.

BECKER, U. Quatro. In: *Dicionário de símbolos*. São Paulo: Paulus, 1999.

BÍBLIA. *Bíblia de Jerusalém*. São Paulo: Paulus, 2012.

BOER, S. *Por uma liturgia libertadora*: a unção coletiva dos doentes. São Paulo: Paulinas, 1998.

COLLIN, M. *El libro de los Salmos*. Estella: Verbo Divino, 1997.

ELLIGER, K.; RUDOLPH, W. (eds.). *Biblia Hebraica Stuttgartensia*. 5. ed. Stuttgart: Deutsche Bibelgesellschaft, 1997.

FOKKELMAN, J. P. *The Book of the Job in form*: a literary translation with commentary. Boston: Brill, 2012.

HARMAN, A. *Salmos*. São Paulo: Cultura Cristã, 2011.

KONINGS, J. *A Bíblia, sua origem e sua leitura*. Petrópolis: Vozes, 2018.

LARRAÑAGA, I. *Adorar em espírito e verdade*. São Paulo: Paulinas, 1982.

LESSA, M. Onde está teu irmão? Uma reflexão sobre o ressentimento a partir de Gn 4,1-16. *Revista TeoPraxis* – PUC-Rio, v. 2, n. 3, p. 72-87, jan./jun. 2022.

LIMA, M. L. C. *Mensageiros de Deus*: profetas e profecias no Antigo Israel. Rio de Janeiro: Ed. PUC-Rio; São Paulo: Ed. Reflexão, 2012.

LÍNDEZ, J. V. *Sabedoria e sábios em Israel*. São Paulo: Loyola 2014.

McKENZIE, J. L. *Dicionário bíblico*. São Paulo: Paulus, 1983.

METTINGER, T. N. D. *O significado e a mensagem dos nomes de Deus na Bíblia*. Santo André: Academia Cristã, 2020.

OSWALT, J. *Isaías*: comentário do Antigo Testamento. São Paulo: Cultura Cristã, 2011.

PÉREZ, G. A.; MARTÍNEZ, F. G.; FERNÁNDEZ, M. P. *Literatura judaica intertestamentária*: introdução ao estudo da Bíblia. São Paulo: Ave-Maria, 2013. v. 9.

PONTIFÍCIA COMISSÃO BÍBLICA. *A interpretação da Bíblia na Igreja*. São Paulo: Paulinas, 1999.

RICCI, L. A. L. *A morte social*: mistanásia e bioética. São Paulo: Paulus, 2017.

SCHÖKEL, L. A. *Salmos I*: Salmos 1–72. São Paulo: Paulus, 1996.

SCHÖKEL, L. A. *Dicionário bíblico hebraico-português*. São Paulo: Paulus, 1997.

SCHÖNBERGER, L. S. *Um caminho através do sofrimento*: o Livro de Jó. São Paulo: Paulinas, 2011.

SOUZA, M. B. *Nossos pais nos contaram*. Petrópolis: Vozes, 1984.

WIÉNER, C. *El Segundo Isaias*: el profeta del nuevo éxodo. Estella: Verbo Divino, 1980.

6
A concepção de esperança cristã no Novo Testamento

Natasha Ribeiro[15]

6.1 O conceito de esperança

Para falarmos sobre esse tema, o primeiro passo é entender a etimologia da palavra "esperança". Sua origem é latina, derivando de *spes*, que significa ter "confiança em algo positivo". Nela, originou-se o verbo *sperare*, que para nós é o nosso "esperar" ou "ter esperança".

Ou seja, a esperança é aquilo que move o ser humano, bem como é o combustível da vida, pois, se a perdermos, junto se vai o sentido de nossas vidas. A partir dela conseguimos almejar um mundo sem as injustiças que presenciamos hoje, uma sociedade mais justa e igualitária. Entretanto, com todas as mazelas e adversidades que acontecem em nosso cotidiano, é comum desenvolvermos o oposto da esperança: o desespero.

Por isso, é tão importante saber em quem e em que podemos e devemos depositar a nossa esperança. Apesar da ideia de "ter esperança" pressupor uma passividade, seu significado é totalmente ao contrário, pois ela necessita ser ativa. Assim diz Paulo Freire:

> É preciso ter esperança, mas ter esperança do verbo esperançar, porque tem gente que tem esperança do verbo esperar. E esperança do verbo esperar não é esperança, é espera. Esperançar é levantar, esperançar é ir atrás, esperançar é construir, esperançar e não desistir. Esperançar é levar adiante, esperançar é juntar-se com outros para fazer de outro modo (Freire, 1992, s.p).

15. Bacharel e mestra em Teologia pela PUC-Rio; é também ministra da Consolação e Esperança na Arquidiocese do Rio do Janeiro.

Quando nos referimos à esperança cristã, precisamos ter em mente que não se trata de uma abstração metafísica. Ao olharmos para a vida pública de Jesus Cristo relatada nos evangelhos, vemos que Ele demonstrou vivamente o que é esperança, sendo Ele mesmo a esperança da humanidade.

Ser cristão é estar à espera de um Deus que vem até seus filhos em um movimento *kenótico*, ofertando-se a nós. Nosso movimento é respondê-lo mediante o acolhimento dessa graça capaz de transformar as nossas vidas.

Ao olharmos para o Antigo Testamento, no primeiro relato, Deus inicia a sua criação com a luz, mas ainda existe a escuridão, a qual é nomeada de "noite" (cf. Gn 1,3-5). Na nova criação não há espaço para a escuridão. A luz está em totalidade. O próprio Jesus Cristo é essa luz que traz clareza para o ser humano e nos mostra um novo céu e uma nova terra (cf. Ap 21,23):

> A esperança entra na vida do povo e este passa viver a presença ontológica da graça, na qual se enraízam a fé e a mística fundamentadas nos valores humanos, nos recursos da comunidade de fé e na atividade humana de cada membro. Pois o Cristo, que nos trouxe a graça encarnada, se uniu à matéria de tal sorte que a matéria se uniu à divindade, e o ser humano, tocado pela graça, não é uma pessoa abstrata, é um rosto marcado por toda a história humana que se faz história da salvação. A esperança que cria uma história iluminada pela fé não diminui o valor e a importância de todas as coisas criadas e as realizações terrenas, mas antes as incentiva para que estas realizem seus fins, sempre com novas motivações suscitadas pela descoberta das ciências e pela iluminação da fé (Boff, 2010, p. 34-45).

Em suma, a esperança cristã nos convida não a esperar passivamente, mas sim a ter uma esperança ativa, seguindo o exemplo de Jesus Cristo. Ele é a luz que dissipa a escuridão em nossas vidas, oferecendo-nos a promessa de um mundo renovado pela graça e pelo amor divino. Ao abraçarmos essa esperança, somos chamados a ser agentes de transformação, construindo um presente e um futuro baseado na justiça, na solidariedade e no amor ao próximo. Que possamos, portanto, cultivar essa esperança em nossos corações e caminhar na certeza de que, em Cristo, há sempre motivo para esperar e agir com confiança e determinação.

6.2 O Reino de Deus

Cristo veio apresentar um Reino que se realiza no "já" e no "ainda não". "O tempo se cumpriu, e o Reino de Deus chegou; arrependa-se e acredite nas boas-novas" (Mc 1,14-15). Isso quer dizer que o Reino se realiza no presente por meio das nossas escolhas diárias. Ao nos debruçarmos sobre as bem-aventuranças (cf. Mt 5,1-11), vemos que, ao escolhermos ter atitudes libertadoras como as de Cristo, denunciando as estruturas injustas, fazendo a opção preferencial pelos pobres e acolhendo o próximo sem julgamento, estamos participando desse Reino. Mas a sua plenitude só se dará quando fizermos a nossa passagem e contemplarmos a Deus face a face na Jerusalém Celeste.

A esperança é uma das três virtudes teologais citada por São Paulo em Coríntios (cf. 1Cor 13,13). Vemos que, além de uma virtude, ela é um dom de Deus e se correlaciona ativamente com a fé e a caridade. Podemos considerar a fé como a base da esperança. Sendo a fé a virtude que nos faz crer no invisível, ela também é responsável por fazer almejar aquilo que ainda não pudemos apreciar. A esperança precisa da fé. A esperança cristã é fruto da fé transmitida pela Igreja. Pois é através da esperança que somos capazes de anunciar o Evangelho e de vivê-lo, sem nos silenciar diante de uma sociedade cada vez mais líquida que vive como se Deus estivesse morto.

São Paulo diz que "a esperança não decepciona" (Rm 5,5). Em Cristo, temos a visão do Reino em sua plenitude. Esse céu que almejamos é a continuidade do aqui e agora. Ao adentrarmos nos evangelhos aprendemos que há duas esperanças: a do possível e a do impossível. Tudo aquilo que está no âmbito humano, mesmo parecendo tão longe de acontecer, como o fim da miséria, uma sociedade sem armas, políticas públicas que alcançam toda a população, enterro digno para todos, entre tantos outros, é possível de ser alcançado, pois depende de nós. Mas, ao falarmos da ressurreição, esta compete somente a Deus. Por isso, consideramos uma esperança do âmbito divino, ou seja, referente ao impossível.

Viver a esperança cristã autenticamente é sermos membros do Corpo de Cristo, comprometidos com as causas do Reino, com o presente a partir da promessa de um futuro que já veio e virá. Essa esperança, que é um dom escatológico, nos fortifica para assumirmos a nossa missão evangelizadora, principalmente dentro dos cemitérios onde encontramos diversas realidades vividas pelos enlutados.

A Constituição Dogmática *Lumen Gentium* diz que

> a Igreja, à qual todos somos chamados e na qual por graça de Deus alcançamos a santidade, só na glória celeste alcançará a sua realização acabada, quando vier o tempo da restauração de todas as coisas (At 3,21) e, quando, juntamente com o gênero humano, também o universo inteiro, que ao homem está intimamente ligado e por ele atinge o seu fim, for perfeitamente restaurado em Cristo (*Lumen Gentium* 48).

Isso significa que só haverá realização plena no evento da ressurreição. E, como tudo está interligado, não se pode mais pensar em uma escatologia individual. Trabalhamos hoje com uma escatologia coletiva, em que o ser humano ligado ao universo estará unido e restaurado de forma plena em Cristo, pois só nele é possível encontrar sua realização.

Justamente para irmos ao encontro dessa plenitude do Reino de Deus que se realizará no pós-morte é que Cristo nos deixou a Igreja como sacramento, a fim de que nos alimentemos com o seu Corpo e Sangue. Ao participar da Ceia do Senhor, não comungamos só para nós e, sim, pelos nossos irmãos e irmãs. A Eucaristia encoraja o nosso comprometimento com a sociedade perante o mundo completamente marcado pela desigualdade. Ademais, a Eucaristia nos mantém unidos pelas causas do Reino, onde antegozamos do Reino que ainda está por vir.

Inspirados pela oração de São Francisco de Assis, os agentes da esperança assumem um papel fundamental no momento delicado dos velórios, nos quais a dor da perda se entrelaça com a necessidade de conforto e esperança. Reconhecendo a singularidade de cada celebração, compreendemos que, apesar de um roteiro pré-determinado para realização das exéquias, existe a necessidade de flexibilidade e sensibilidade para se adaptar às particularidades de cada família enlutada.

Nesse contexto, o papel dos agentes da esperança transcende a mera condução do ritual, tornando-se uma presença reconfortante e solidária que caminha ao lado das famílias em seu processo de luto e despedida. Essa abordagem compassiva e personalizada permite que as famílias encontrem consolo e esperança em meio à dor. E, mesmo em meio à adaptação necessária às especificidades de cada situação, os agentes devem manter elementos centrais de nossa tradição de fé.

6.3 A salvação que esperamos

"Se vivemos, para o Senhor vivemos; se morremos, para o Senhor morremos. Quer, pois, vivamos ou morramos, pertencemos ao Senhor" (Rm 14,8; Fl 1,20-24).

A morte na perspectiva cristã é morrer com e em Cristo, pois assim é a realização da vida. Isso ultrapassa o dado biológico para a esperança escatológica, já que o evento da morte é secundário diante da visão beatífica e da comunhão perfeita na Jerusalém Celeste. Isso significa que, ao nos entregarmos totalmente ao Cristo, nos entregamos ao mistério sentido por Ele que nos livrou da morte eterna, nos dando a vida em abundância. Para tanto, é preciso nos preparar ainda em vida, confiando em sua justiça e ansiando por esse encontro definitivo com o Criador na participação do Reino. É crer que por meio de Cristo essa vida será transformada em glória através da ressurrcição.

A salvação é o desejo de Deus para toda a humanidade. Os seres humanos foram criados para a salvação; não uma salvação do pecado, mas, sim, no sentido de participação desse Reino que nos foi revelado por Cristo. A promessa que temos é o céu, e a nossa meta é chegar ao Pai, por Jesus Cristo no Espírito Santo.

A Igreja não afirma nem pode afirmar que um ser humano não foi salvo, mas não nega essa possibilidade, pois, com o livre-arbítrio que nos foi dado no ato da criação, podemos responder de forma negativa a esse chamado à salvação.

6.4 Como transmitir essa esperança para as famílias enlutadas?

A morte é um acontecimento da vida humana, um mistério que marca o fim de uma etapa e traz consigo questionamentos. Os falecimentos prematuros devem ser vistos como fruto do pecado humano, quando são resultado da violência e das injustiças que ceifam vidas, sendo, portanto, consequências das mazelas da sociedade e não devendo ser tratados como um castigo divino.

No Novo Testamento somos apresentados a um Deus que transcende a rigidez da lei, colocando o amor e a compaixão acima de qualquer norma (cf. Lc 14,1-6). Conhecemos um Deus que é misericordioso e compassivo, cujo amor é a essência de sua natureza (cf. Lc 6,36; 1Jo 4,16).

O Deus revelado por Jesus Cristo não deseja a perda de um filho e não é indiferente aos sofrimentos das famílias que enfrentam uma realidade tão dolorosa da morte. Nem sempre a morte se apresenta como uma irmã, como Francisco costumava se referir a ela; por vezes, surge como uma visita inesperada, surpreendendo-nos ao retirar a oportunidade de preparar uma casa para recebê-la. Nesses momentos difíceis registramos a complexidade e a imprevisibilidade da partida de entes queridos, buscando encontrar conforto na compaixão e na presença amorosa do Deus que compartilha nossos fardos e caminhadas ao nosso lado nos momentos de luto.

Portanto, ao confortar os enlutados, é crucial agir com sensibilidade e cuidado, evitando expressões que possam sugerir que Deus é a fonte do mal ou da dor. Frases como "Deus sabe o que faz" ou "Deus quis assim" podem transmitir uma mensagem contraditória à essência da mensagem evangélica, pois implicam erroneamente que Deus é responsável pelo sofrimento humano. Em vez disso, oferecemos palavras de consolo que reflitam o amor e a compaixão de Deus, lembrando às pessoas que Ele está presente em seu sofrimento e que seu amor é uma fonte de esperança e conforto mesmo nos momentos mais difíceis.

A irmã morte é vista teologicamente como o coroamento da vida ou como uma libertação, pois é por meio dela que iremos ser transformados e contemplaremos a glória do Deus Uno e Trino. É nessa experiência que teremos a consciência de quem somos verdadeiramente e o lugar em que Deus se encontra em nós. Por meio dela deixamos para trás a limitação e os sofrimentos desta vida terrena e entramos em uma dimensão de plenitude e comunhão com Deus, pois ao contemplar a realidade celeste é que seremos completamente conscientes de nossa verdadeira identidade.

A morte deve ser interpretada como a porta de entrada para a ressurreição ou a meta de vida do cristão. Contudo, não é um retorno a esta vida, mas sim uma transformação. Não é possível pregar a ressurreição de Cristo se não cremos na ressurreição dos mortos. Se os mortos não ressuscitam, Cristo também não ressuscitou, e, se Ele não foi ressuscitado pelo Pai na ação do Espírito Santo, não há sentido na fé cristã (cf. 1Cor 15).

Nesse momento, o ser humano terá a transformação plena e o encontro pessoal com o Criador. A ressurreição é essa realização do projeto de Deus em nós e a nossa realização nele. Sendo assim, teremos a verdadeira *koinonía*, porque saberemos olhar e viver no outro, vivendo em Deus.

6.5 A esperança na atualidade

Todas as palavras bonitas ao descrever a esperança cristã parecem uma utopia, pois as mazelas e situações de injustiças contrárias ao Reino nos suscitam o questionamento: "Onde está Deus?" Consequentemente, a nossa fé é posta à prova e a nossa esperança começa a desaparecer.

Partilho aqui um relato pessoal de uma celebração de exéquias realizada por mim no Cemitério de Irajá, localizado na cidade do Rio de Janeiro (RJ).

Numa sexta-feira, havia um sepultamento da "categoria" que mais me entristece quando realizo exéquias: de jovens que tiveram a vida ceifada pela violência. Ao mesmo tempo, sou muito grata por estar presente e tentar levar um pouco de esperança para as famílias.

O nome do rapaz eu não me recordo, mas o chamarei de Flávio. Entrei na capela em que o seu corpo estava sendo velado, apresentei-me como parte da Igreja Católica e ofereci uma oração. Não a identifiquei como exéquias no primeiro momento, pois em muitos casos encontrei resistência por não saberem do que se tratava e nem sempre cabe uma explicação diante da situação em que a família se encontra.

A mãe do rapaz estava em prantos; seu desespero me despertou tantas sensações, que naquele momento desejei que a dor daquela mãe passasse para mim por meio de um abraço forte e longo, para que ela pudesse ter um pouco de alívio. Na capela havia muitos amigos de Flávio se despedindo. Uma garota, talvez a sua namorada, entrou desesperada e começou a dar tapas fortes naquele rosto pálido marcado pela ausência de vida. Observei outras mulheres reproduzindo a mesma atitude, sua boca se abriu, mas isso não as fez pararem as bofetadas intercaladas com as frases: “Eu não acredito” ou: “Levanta daí logo”, e questionando aquele corpo sem vida: “Por que você fez isso?”

Não era possível realizar as exéquias naquele momento. A única atitude naquele momento era abraçar cada um que permitisse e chorar junto, compartilhando daquela mesma dor. Ao sair daquele ambiente, avistei um jovem sentado na escada da administração do cemitério e sentei ao seu lado. Perguntei se ele era amigo de Flávio, pois o tinha visto na sala do velório. Gabriel, nome que soube logo em seguida, confirmou com um movimento feito com a cabeça, e, então, perguntei se ele gostaria de conversar.

E, reproduzindo a postura de Jesus junto aos discípulos de Emaús (cf. Lc 24,13-35), coloquei-me na posição de escuta para tentar compreender aquela dor que ele sentia, mesmo sem ter a certeza de que poderia fornecer um pouco de conforto. O jovem relatou que havia sido a última pessoa a ter contato com Flávio, ambos com seus 17 anos; eram amigos desde a infância. No dia do ocorrido, eles se encontraram, e o amigo o avisou que estava indo realizar um assalto; Gabriel lhe pediu para não ir. Ignorando seu conselho, seguiu seus planos, mas não retornou. O garoto, no auge de sua juventude, foi morto pelos policiais.

Gabriel morava em uma comunidade de alta periculosidade do Rio de Janeiro, como a maioria que esperava o enterro. Era negro e pobre, e não era a primeira ida ao cemitério para se despedir de um amigo pelo mesmo motivo. Tentei saber se ele estudava, e, por meio de uma conversa repleta de gírias, eu tentava me aproximar daquele universo e levar um pouco de esperança para a sua vida.

Conversamos sobre a vida do crime, que, mesmo sem oportunidades para buscar uma vida mais justa, não era o caminho certo a seguir. Falamos sobre o amor de Deus e de como Ele é misericordioso e tem vias de salvação que desconhecemos. Naquele momento, aquele jovem menino sorriu. Suas lágrimas tendo cessado, senti-me uma portadora da paz de Cristo para aquele coração desolado.

No momento de fechar o caixão, percebi que era necessário sinalizar a presença da Igreja. Acompanhei a família até a sepultura, e um grito chamou a atenção de todos em volta: “Meu filho, volta. Por que você fez isso comigo? Você não precisava”. A mãe ajoelhada naquela terra decomposta continuava: “Que bom que você me deu um neto, um fruto seu. Meu Deus, que dor”.

Nesse dia, vários questionamentos surgiram em meu pensamento. Como eu poderia falar de esperança se, na vida de Gabriel, ele havia experimentado apenas injustiças de um sistema que não olha para os jovens periféricos? Diante de tantas mortes que poderiam ser evitadas, caso houvesse políticas públicas eficazes, como esperançar se não há previsão de mudança? Quantos casos semelhantes a esse continuarão se repetindo em nossos plantões?

A resposta encontrada, entretanto, é a verdade de que Deus não deseja o sofrimento humano e de que Ele compartilha do sofrimento da humanidade, estando presente mesmo nos momentos mais sombrios. A esperança cristã, portanto, não é uma mera expectativa vaga, mas sim um compromisso com a construção do Reino de Deus aqui e agora, na concretização de mudanças reais em nossas relações e realidades cotidianas.

Qual o sentido de conduzirmos apenas a celebração de exéquias, sem nos indagarmos sobre as situações que levaram aquele jovem à morte? Deveríamos nos questionar: Onde estava o Estado e onde estava a Igreja para oferecer esperança e oportunidades que pudessem evitar esse estágio trágico?

Essa esperança é fundamental no exemplo de Jesus Cristo, que viveu cumprindo a condição humana, enfrentando o bem e o mal, pregando o Reino de Deus, sofrendo a paixão e a morte, mas ressuscitando para nos dar a certeza da vida eterna. Assim, resgatar essa esperança implica seguir os passos de Jesus, assumindo uma fé ativa que busca transformar as estruturas injustas e oferecer oportunidades de vida digna para todos, especialmente para os marginalizados e excluídos:

> Resgatar esta esperança significa fazer um caminho de fé que passa pelas diferentes paisagens que Jesus passou, na sua vida, para realizar o projeto salvífico do Pai: assumiu a nossa natureza humana na encarnação; desenvolveu-a com todos os dons com que foi agraciada; viveu a tensão dialética entre o bem e o mal; pregou o Reino, foi condenado, sofreu a paixão e morte, mas ressuscitou; ascendeu junto ao Pai e enviou o Espírito Consolador a todos nós, seus discípulos e discípulas, no evento de Pentecostes (Boff, 2010, p. 132-133).

Dom Oscar Romero assim dizia em uma de suas homilias:

> Uma religião de missa dominical, mas de semanas injustas não agrada ao Deus da Vida. Uma religião de muita reza, mas de hipocrisias no coração não é cristã. Uma Igreja que se instala só para estar bem, para ter muito dinheiro, muita comodidade, porém que não ouve os clamores das injustiças, não é a verdadeira Igreja de nosso Divino Redentor (Homilia de Dom Oscar Romero do dia 4 de dezembro de 1977).

Com esse sermão, Romero ressalta a ideia de que a prática religiosa deve ultrapassar o ritualismo. Ele destaca a importância de uma vivência autêntica da fé, que se manifesta não apenas em atos de devoção, mas também em ações concretas de justiça e compaixão. Não podemos nos limitar à frequência na missa dominical, a uma rotina de orações, se essas práticas não são traduzidas em um compromisso contínuo com a justiça e solidariedade, especialmente para com os marginalizados.

Além disso, critica a hipocrisia e a busca por conforto material em detrimento dos valores fundamentais do Evangelho, como o amor ao próximo e a busca por uma sociedade justa e igualitária. Uma Igreja verdadeira é aquela que está engajada na transformação da sociedade, ouvindo e respondendo aos clamores por justiça e dignidade humana.

Alcançar a plenitude na vivência da fé requer uma abordagem pastoral que transcenda os manuais e se comprometa com a dimensão social. Nossa fé e esperança devem ser enraizadas na prática do amor ao próximo e na preocupação genuína com o bem-estar daqueles que encontramos em nosso caminho. Inspirados pelo exemplo de Jesus, convém nos perguntar constantemente o que Ele faria em nossas situações, orientando-nos a agir com compaixão e empatia. Não podemos limitar-nos a rituais vazios, mas devemos estar abertos e sensíveis às necessidades de cada situação que encontramos em nossas atividades pastorais, buscando sempre ser instrumentos de amor e transformação no mundo. Assim, ao nos dedicarmos a uma pastoral autêntica e comprometida, contribuímos para construir um mundo mais justo, solidário e de acordo com os princípios do Evangelho.

Considerações finais

Jesus, por meio de suas palavras e ações, revelou o amor incondicional de Deus e a promessa de redenção e salvação. Sua vida foi um testemunho vivo da esperança que Ele trouxe ao mundo. Ele curou os enfermos, perdoou os pecadores, acolheu os marginalizados e anunciou o Reino de Deus, convidando todos a uma nova vida em comunhão com Deus Pai.

Ao morrer na cruz e ressuscitar dos mortos, Jesus venceu o poder do pecado e da morte, abrindo caminho para a esperança da vida eterna. Sua ressurreição é a garantia de que a esperança cristã não é vazia, mas fundamentada na vitória de Cristo sobre todas as limitações e sofrimentos humanos.

Além disso, a esperança cristã não se limita apenas à vida futura, mas também se manifesta no presente. Jesus oferece esperança para os desesperados, consolo para os aflitos e transformação para os corações feridos. Ele restaura a importância e o propósito de cada pessoa, convidando-as se unirem a ele em uma vida plena e abundante.

A esperança cristã é, portanto, uma realidade concreta que se baseia na pessoa de Jesus Cristo. É nele que encontramos o significado e a fonte de nossa esperança. Sua vida, morte e ressurreição são testemunhos vivos de que podemos confiar em Deus e esperar em seu amor e fidelidade, mesmo diante das dificuldades e desafios da vida.

Portanto, a esperança cristã não é uma ideia abstrata, mas uma experiência transformadora que nos capacita a viver com coragem, alegria e confiança, sabendo que em Cristo encontramos a plenitude da esperança que ansiamos. Compreender-se como cristão implica estar aberto e receptivo à ação de Deus, que se aproxima de seus filhos em um movimento de amor e humildade. Trata-se de um movimento *kenótico*, que se fundamenta na ideia de esvaziamento e doação total ao outro, exemplificado na encarnação do Verbo.

Na encarnação, Deus se fez homem em Jesus, aproximando-se da humanidade de forma concreta e pessoal. Ele se ofereceu a si mesmo como uma oferta de amor e redenção, convidando-nos a acolher essa graça transformadora. Ser cristão é, portanto, responder a esse convite divino, abrindo-nos à ação de Deus em nossas vidas.

Essa acolhida da graça divina nos capacita a viver de acordo com os ensinamentos de Jesus Cristo, seguindo seus exemplos de amor, humildade, perdão e serviço ao próximo. Significa também abandonar o egoísmo e cultivar uma atitude de amor generoso em nossas relações com os outros. Além disso, envolve também a busca de uma vida de oração e comunhão com Deus, fortalecendo nosso relacionamento com Ele e permitindo que sua presença transforme nossa mente, coração e caráter.

Buscar a sabedoria do Espírito Santo para consolar aqueles que choram é uma atitude importante e edificante. Por meio da conexão com o Espírito Santo podemos encontrar consolo para nossas próprias dores e, ao mesmo tempo, ser instrumento de consolo para os outros.

Viver em um mundo repleto de realidades dolorosas pode ser desafiador, mas, quando buscamos a sabedoria do Espírito Santo, encontramos esperança e força para enfrentar essas situações difíceis. O Espírito Santo é uma fonte de conforto, paz e consolo, pois Ele nos capacita a ser luz para os outros, compartilhando essa esperança e força com aqueles que estão passando por momentos de tristeza e sofrimento.

Ao nos relacionarmos com o Deus Uno e Trino podemos receber o discernimento para compreender as necessidades emocionais e espirituais dos outros e para ser sensíveis ao sofrimento dos nossos irmãos e irmãs. Podemos ainda oferecer palavras de encorajamento, compaixão, apoio prático e, acima de tudo, amor. Ao fazê-lo, podemos ajudar a restaurar a esperança daqueles que choram e lembrá-los de que não estão sozinhos em suas dificuldades.

Peçamos sempre, em oração, a sabedoria do Espírito Santo para conseguirmos consolar os que choram. Para que sejamos agentes de transformação em um mundo marcado pela dor, mantendo viva a nossa esperança e compartilhando-a com outros corações.

Referências

BÍBLIA. *Bíblia de Jerusalém*. São Paulo: Paulus, 2002.

BOFF, L. *Da esperança à vida plena*: vivendo as realidades que entrevemos. Juiz de Fora: Editora Associada, 2010.

CONSTITUIÇÃO DOGMÁTICA *LUMEN GENTIUM*. In: *Documentos do Concílio Ecumênico Vaticano II (1962-1965)*. São Paulo: Paulus, 1997.

FREIRE, P. *Pedagogia da esperança*: um reencontro com a pedagogia do oprimido. São Paulo: Paz e Terra, 1992.

KUZMA, C. *Leigos e leigas*: força e esperança da Igreja no mundo. São Paulo: Paulus, 2009.

KUZMA, C. *O futuro de Deus na missão da esperança*: uma aproximação escatológica. São Paulo: Paulinas, 2014.

PEREIRA, J. C. *Pastoral da Esperança*: subsídios de implantação, formação e atuação de agentes. Petrópolis: Vozes, 2015.

Bloco psicológico

O sofrimento existencial e o luto: contribuições da Psicologia

7
O sofrimento diante da morte O que diz a psicologia existencial?

Adeílson Medeiros Moura Costa[16]
Cloves Antonio de Amissis Amorim[17]
Wallisten Passos Garcia[18]

Dentre tantas realidades que compõem a vida humana, existem três coisas que o indivíduo não está isento, quais sejam: o sofrimento, a culpa e a morte. A perda de uma pessoa querida é um processo muito doloroso pelo qual muitos de nós já passamos ou em algum momento passaremos. Pelas muitas realidades, pelas diferentes reações, nem todas as pessoas contam com recursos ou ferramentas semelhantes para enfrentar algo tão difícil. O que se pode perceber é que, em alguns casos, o sofrimento se torna algo crônico e converte-se em um problema sério, com proporções enormes. Para esses momentos, a ajuda profissional se faz necessária.

A tristeza, inerente ao experienciar a perda de alguém que possua profundo significado na existência é uma das razões mais acentuadas nas culturas ocidentais para as resistências reflexivas sobre a morte (cf. Kübler-Ross, 2005). Não apenas a saudade, a

16. Graduado em Psicologia pelo Centro Universitário Santo Agostinho (2021). Atualmente é coordenador do Centro Viktor Frankl e psicólogo clínico – Clínica Neurografos, atuando principalmente nos seguintes temas: psicologia existencial, psicologia humanista e psicologia fenomenológica.

17. Graduado em Psicologia pela Universidade Federal do Paraná (1989). Mestre e doutor em Educação pela Pontifícia Universidade Católica do Paraná. Fundador e diretor do Instituto de Tanatologia Cloves Amorim (Itaca). Psicoterapeuta e coordenador da Liga de Tanatologia do Curso de Psicologia da PUC-PR.

18. Graduado em Psicologia pela Universidade Federal do Paraná (2008), mestre em Psicologia e doutor em Educação pela mesma universidade. Docente do Curso de Psicologia da Pontifícia Universidade Católica do Paraná. Psicoterapeuta existencial.

tristeza ou mesmo a sensação de dor se fazem presentes pela ausência de quem tem um especial significado na vida. Mas, advindo da dolorosa experiência de perda, um conjunto de outras distintas manifestações emocionais se apresenta, e a essas manifestações denominamos de “luto”.

Diante das diversas vivências do luto, que variam de um sujeito para outro, levando em conta a unicidade, singularidade e irrepetibilidade da pessoa humana, é inegável a intensidade e dor que caracterizam a experiência da perda de um ente querido. Diferentes autores ligados à corrente filosófica existencial corroboram essa visão, destacando a complexidade e profundidade desse processo. Assim, exploraremos as contribuições de diversos pensadores existenciais para uma compreensão mais ampla e profunda do luto e suas implicações.

Viktor Frankl (1905-1997), renomado neuropsiquiatra austríaco, desenvolveu a Logoterapia, uma abordagem psicoterapêutica também conhecida como a Psicologia do Sentido da Vida. Nessa teoria, Frankl (1994) postula que o ser humano busca incessantemente um propósito significativo em sua existência, sendo a busca por sentido a motivação primordial. Ele argumenta que a consciência da finitude humana desperta a preocupação com os valores pessoais, os quais servem como guias nas escolhas ao longo da vida.

No contexto do luto é comum ocorrer uma crise existencial em razão da perda. Entretanto, negar ou evitar a dor do luto pode prolongar o sofrimento. Frankl (1994) enfatiza a importância de permitir-se vivenciar as emoções associadas à perda, buscando compreender seu significado na própria vida. Além disso, destaca a necessidade do ser humano de encontrar um novo sentido após a perda, o que pode incluir a descoberta de novos propósitos, valores e metas de vida, transformando a dor em um catalisador para o crescimento pessoal. Ele ressalta que, embora o objeto do amor possa ter sido perdido objetivamente, o vínculo emocional perdura subjetivamente, dentro do indivíduo.

Martin Heidegger (1889-1976) é reconhecido como um dos principais filósofos do século XX e uma figura central na corrente do existencialismo. Sua obra influenciou profundamente não apenas a filosofia, mas também áreas como a psicologia, a literatura e a teologia. Ele desenvolveu uma abordagem filosófica que se concentra na existência humana, destacando a importância da experiência individual e da busca por significado em um mundo marcado pela finitude. Sua obra mais conhecida, *Ser e tempo* (cf. Heidegger, 2015), explora a questão do ser humano como um ser-no-mundo, imerso em um contexto histórico e cultural, e confrontado com a angústia e a responsabilidade de fazer escolhas autênticas diante da própria finitude. Para Heidegger (2015), a existência humana é caracterizada pela busca incessante por compreender seu lugar no mundo e seu propósito na vida. Ele enfatiza a importância de enfrentar a realidade da morte e da finitude como uma condição fundamental da existência, que nos confronta com a necessidade de assumir responsabilidade por nossas escolhas e ações. Destaca a importância do ser-com-os-outros e da intersubjetividade na constituição da identidade humana. Ele argumenta que a existência autêntica não é uma busca solitária pelo sentido, mas sim uma jornada compartilhada com os outros seres humanos, em busca de significado e realização. Embora Heidegger não tenha escrito extensivamente sobre o luto em si, podemos inferir sua visão a partir de sua filosofia geral. O luto pode ser visto como uma das formas pelas quais os seres humanos confrontam a realidade da morte e da finitude. Ao vivenciar o luto pela perda de um ente querido, o ser humano é confrontado com a inevitabilidade da própria morte e com a transitoriedade da existência. Isso pode levar a uma profunda reflexão sobre o sentido da vida e sobre a própria identidade, conforme o indivíduo se depara com a ausência daquele que partiu. Nesse sentido, o luto pode ser uma oportunidade para uma experiência autêntica da própria existência, na qual o ser humano confronta a finitude e busca compreender seu lugar no mundo.

O filósofo alemão Schopenhauer (2000) considera a morte como a fonte inspiradora da filosofia. Ele argumenta que, com o desenvolvimento da razão, surge o temor da morte. Nesse contexto, tanto a filosofia quanto a religião oferecem concepções transcendentais acerca da morte. Essas concepções, embora busquem fornecer consolo e compreensão, também geram angústia e medo, pois a morte é uma realidade inescapável e, ao confrontá-la, somos confrontados com a natureza efêmera e transitória da vida. Nesse sentido, para Schopenhauer, assim como para Heidegger, o luto pode ser visto como um momento de confronto direto com essa realidade da vida, durante o qual temos de lidar com a ausência daqueles que amamos e com a inevitabilidade da própria morte.

Spilka et al. (1977) recomendam que os estudos sobre a compreensão acerca da temática da morte levem em conta a sua grandeza e as suas diversas dimensões, citando oito aspectos para entender as diversas concepções da morte: dor e solidão, vida do além, indiferença, desconhecimento, abandono, coragem, fracasso e fim natural. Os autores, de forma muito resumida, explicam cada uma dessas dimensões da morte:

- **Dor e solidão** — Representa a morte como um momento de agonia, isolamento, miséria, angústia e solidão.
- **Vida do além** — Concebe a morte como uma nova vida, plena de satisfação, felicidade, recompensa e união com Deus.
- **Indiferença** — Sugere a morte como algo indiferente para o ser humano.
- **Desconhecimento** — Apresenta a perspectiva da morte como incerteza, mistério e desconhecimento.
- **Abandono** — Imagina a morte como o abandono de entes queridos e como um momento para se sentir culpado.
- **Coragem** — Concebe a morte como uma oportunidade para demonstrar virtudes; no caso, enfrentar o último teste da vida.
- **Fracasso** — Indica a morte como algo que impede a realização do potencial pessoal; por exemplo, a realização de objetivos e o sentido da vida.
- **Fim natural** — A morte é concebida apenas como a conclusão natural da vida.

7.1 Concepção de finitude e sentido

A vida sempre possui um sentido, independentemente de sua duração. Frankl (1989) assevera que o ser humano passa a buscar um motivo, ou seja, um significado, ao se deparar com a sua transitoriedade. Para esse autor, a vida não perderia o seu sentido pela morte e pelo morrer, pois o caráter transitório da vida é que impulsiona o ser humano a buscar um sentido para realizar determinada tarefa ou missão. Traduzindo isso, a finitude desperta na pessoa humana o senso de responsabilidade, a consciência de uma missão a cumprir, visto que a morte faz com que a vida seja única (cf. Frankl, 1994).

Sob essa visão, a existência humana é ser-responsável, em que a responsabilidade se origina no concreto da pessoa e da situação. Assim, o progresso da responsabilidade humana acompanha o caráter único da pessoa e a irrepetibilidade dos acontecimentos e circunstâncias. O caráter único e irrepetível da situação é um elemento que constitui o sentido da vida humana e conjectura a finitude humana, ao passo que essa finitude representa algo que dá sentido à existência. Não é cabível, portanto, separar a morte da vida, visto que a morte faz parte da vida (cf. Frankl, 1989).

O questionamento pelo sentido da vida pode ser evocado pela morte (cf. Frankl, 1990) na certeza de que toda a transitoriedade da existência da pessoa humana poderia retirar a vida de um sentido ou mesmo de um "para que" continuar vivendo. Frankl (1990) compreende a eternidade como uma realidade concomitante que entende o presente, o passado e o futuro. Sendo assim, a mortalidade, a finitude e a temporalidade não são apenas algo essencial da vida humana, mas referem-se também àquilo que constitui o seu propósito, significado e sentido, posto que, quando as potencialidades são realizadas, estas são transferidas do "não ser" para o "ser", das "possibilidades" para a "realidade". Desse modo, o sentido da existência humana funda-se no seu caráter irreversível (cf. Frankl, 1989; Frankl, 1994).

A Psicologia do Sentido da Vida criada por Frankl compreende que o porvir não é e que o passado é a pura realidade, posto que o tempo seria irreversível. Contudo, cada instante da vida está também passando, findando, morrendo, pois os instantes são transitórios. Essa transitoriedade dos momentos torna-se um incentivo para que o ser humano procure realizar ações responsáveis (cf. Frankl, 1994). Tudo o que foi feito pela pessoa, realizado por outrem, permanece existindo, posto que passa a fazer parte do passado e continua como parte da realidade. Portanto, o que foi vivido ninguém pode destruir, é concreto, é um algo que está registrado na nossa história, tornando-se passado e realidade. Nessa perspectiva, Frankl se achega ao filósofo Heidegger quando este último compreende que "a pré-sença 'é' o seu passado no modo de seu ser, o que significa que isso sempre 'acontece' a partir do seu futuro" (Frankl, 1989, p. 48).

À medida que a pessoa responde à vida, a partir do momento em que ela entende que deve se colocar nessa postura de responder e não de questionar, torna-se responsável por algo. Consequentemente, a responsabilidade humana encontra-se cheia de confiança no futuro, nas decisões e possibilidades do que há de vir e no "otimismo do passado". Ou seja, transforma toda e qualquer possibilidade concreta em realidade, em algo objetivo, dando abrigo a elas no tempo chamado "passado", visto que tudo é efêmero, tudo vai percorrendo do futuro para o passado, do vazio do futuro para a existência do passado.

Dr. Martín Echavarría, em sua obra *A práxis da psicologia*, ao citar Santo Tomás de Aquino, afirma que

> a tristeza, ademais, "agrava a alma", vale dizer, a oprime. A tristeza é como um "peso" que se opõe ao peso da alma (*pondus*), à sua direção natural, ao que a ela apetece, impedindo-lhe o gozo. Se o mal tem saída, luta-se para escapar dele. Se não, temos a angústia e, inclusive, a paralisia (Echavarría, 2021, p. 517).

O que acontece com a morte é que tudo o que se vivenciou fixa-se no ser passado, e nada mais será modificado, perdendo-se as possibilidades do vir a ser (cf. Frankl, 1990). É nesse sentido que se entende o passado do homem como o seu verdadeiro futuro, como a dimensão mais segura do ser, visto que não poderá mais ser eliminada ou modificada.

Desse modo, o ser humano vai se construindo e se modelando, em alguns momentos tendo vivências, em outros momentos sofrendo. Portanto, o homem deve seguir a sua vida no tempo, apesar da sua finitude, que delimita o seu projeto existencial (cf. Frankl, 1989; Heidegger, 1990).

Nos estudos da psicologia como ciência, diferenciamos com clareza o "sofrimento imaginário" do "sofrimento real". Essas duas dimensões possuem uma forte e pesada carga emocional do tipo "negativa", que prejudica diretamente a nossa qualidade de vida e o nosso equilíbrio emocional. Mas o que são esses "sofrimentos imaginários"? São essas interpretações baixas, negativas, que fazemos sobre a realidade em que estamos. Estabelecemos grandes e verdadeiras tempestades carregadas de obsessões, incríveis batalhas interiores, e acabamos por sofrer com acontecimentos externos que, muitas vezes, não possuem nenhum fundamento.

Chamamos de "sofrimentos reais" aqueles que se baseiam em fatos que provocam confusão, dor, perda e decepção. Há algo de real, de concreto, que desencadeou o estado de ânimo do sujeito.

O agente da Pastoral da Esperança, aberto à escuta, sensível ao sofrimento humano e de cada humano, pode ter presente as reflexões de Heidegger (1995) de que o homem não conhece a morte apenas porque os outros morrem, mas por vivenciar a própria passagem do tempo. Estar ao lado de alguém que enfrenta a proximidade da morte é estar ao lado de alguém que vive, sente e ainda tem esperança.

Considerações finais

A morte é um fenômeno de grande complexidade, que possui implicações profundas e que deve ser compreendida por meio de uma perspectiva multidisciplinar. Não pretendemos encerrar aqui ou discorrer sobre todas as perspectivas desse fenômeno.

Discutimos, neste capítulo, uma perspectiva existencial, com destaque para a visão do senso comum acerca da morte, para o olhar no mundo ocidental, para algumas formas do sofrer humano e para seu sentido no contexto social e psicológico.

Por conseguinte, a psicologia existencial contribui para o agente pastoral ampliar suas condições reflexivas, compreendendo que o ser humano é um ser que vivencia o sofrimento, a angústia, a solidão, a incerteza e o mistério do desconhecimento da morte.

A consciência da própria finitude pode levar ao desenvolvimento da própria responsabilidade de encontrar um sentido para a vida e acolher a morte como condição humana e universal. A morte deixa de ser pornográfica, suja, e passa a ser uma conselheira sábia. Tenham em mente as palavras de Rubem Alves (2008, p. 27): "As velas choram enquanto iluminam, suas lágrimas nascidas do fogo transbordam e escorrem pelo seu corpo. Choram por saber que para brilhar é preciso morrer". E, assim, você, pastoralista da esperança, será luz no sofrimento daqueles que passam pela experiência da morte e do morrer.

Referências

ALVES, R. *As melhores crônicas de Rubem Alves*. Campinas: Papirus, 2008.

BARDIN, L. *Análise de conteúdo*. São Paulo: Edições 70, 1977.

ECHAVARRÍA, M. F. *A práxis da psicologia*: os seus níveis epistemológicos segundo Santo Tomás de Aquino. Rio de Janeiro: Editora CDB, 2021.

FRANKL, V. *La voluntad de sentido*. Barcelona: Herder, 1988.

FRANKL, V. *Psicoterapia e sentido da vida*. São Paulo: Quadrante, 1989.

FRANKL, V. *Logoterapia y análisis existencial*: textos de cinco décadas. Barcelona: Herder, 1990.

FRANKL, V. *A psicoterapia na prática*. Campinas: Papirus, 1991.

FRANKL, V. *Em busca de sentido*: um psicólogo no campo de concentração. Petrópolis: Vozes, 1994.

FRANKL, V. *A presença ignorada de Deus*. São Leopoldo: Sinodal, 2003.

HEIDEGGER, M. *Ser e tempo*. Petrópolis: Vozes, 2015.

KÜBLER-ROSS, E. *Sobre a morte e o morrer*. São Paulo: Martins Fontes, 2005.

SCHOPENHAUER, A. *Metafísica do amor, metafísica da morte*. São Paulo: Martins Fontes, 2000.

SPILKA, B. et al. Death and personal faith: a psychometric investigation. *Journal for the Scientific Study of Religion*, vol. 16, p. 169-178, 1977.

8
As fases do luto

Cloves Antonio de Amissis Amorim[19]
Pedro Henrique Hamdar de Oliveira[20]

Historicamente, o tema da morte foi considerado um tabu, e a atitude do ser humano perante ela foi influenciada por muitas variáveis, desde a dimensão antropológica ou cultural, até a vivência de grandes eventos, como guerras ou pandemias. Em sua obra *O homem diante da morte,* Ariès (2014) apresenta três conceitos distintos que o homem tem perante a morte: (1) morrer é horroroso; (2) morrer é acabar e deixar isso tudo; (3) morrer é nada. A partir desses conceitos foi possível compreender a visão de morte construída historicamente em cada fase da humanidade.

Lidar com a morte demanda dos sobreviventes o manejo de sentimentos e reações que são denominados em diferentes culturas de distintas formas, mas encontram um denominador comum que é o processo do luto. Sigmund Freud[21], na sua obra seminal *Luto e melancolia* e também em *Sobre a transitoriedade*, argumenta que o luto não é algo espontâneo, automático e natural. Portanto, assistir pessoas enlutadas pressupõe o conhecimento do seu processo.

O foco deste capítulo é proporcionar a compreensão do processo de luto, a fim de identificar as necessidades das pessoas, em sua subjetividade, podendo ser individual ou em grupo, familiar ou de cuidadores. Parte-se da premissa de que "o luto é um processo particular, de que não há dois processos idênticos. Isso se deve ao fato de não existirem duas relações significativas idênticas. Logo, o processo sempre vai ser específico e subjetivo" (Franco, 2008, p. 398).

---

19. Graduado em Psicologia pela Universidade Federal do Paraná (1989). Mestre e doutor em Educação pela Pontifícia Universidade Católica do Paraná. Fundador e diretor do Instituto de Tanatologia Cloves Amorim (Itaca). Psicoterapeuta e coordenador da Liga de Tanatologia do Curso de Psicologia da PUC-PR.

20. Acadêmico do Curso de Psicologia da Escola de Ciências da Vida da PUC-PR. Membro da Liga de Tanatologia da PUC-PR. Bolsista Pibic 2020/2021 e 2022/2023. Membro do Itaca.: https://orcid.org/0000-0003-0602-3193.

21. Médico vienense e fundador da psicanálise.

8.1 Sobre o luto

Ainda sob a vigência da Primeira Guerra, Sigmund Freud (neurologista austríaco e criador da psicanálise) publicou um livro pioneiro e clássico no estudo da dinâmica do luto, intitulado *Luto e melancolia*. Na obra, ele faz uma análise dos diferentes tipos de luto, denominando-os de luto normal e de luto patológico.

Buscando compreender o processo do luto, os autores Gaitan e Zilberman[22], na obra *O processo psicológico do luto: teoria e prática*, alertam que perder alguém significativo tem consequências emocionais, físicas, sociais, cognitivas e comportamentais, além de serem muito peculiares e variáveis, a ponto de afetar a estabilidade e o funcionamento global do indivíduo (cf. Gaitan; Zilberman, 2022, p. 15). Dessa forma, eles concluem que o processo decorrente de uma perda significativa é denominado luto, que envolve processos psicológicos, expressões culturais e respostas para a adaptação.

Conhecendo as consequências do luto e sabendo que não existem dois lutos iguais – uma vez que são reações particulares e subjetivas –, podem-se compreender diferentes tipos de luto. O palestrante e pesquisador J. Willian Worden, membro da Associação Americana de Psicologia, codiretor/pesquisador no Hospital Geral de Massachusetts e referência sobre o tema do luto, descreve algumas características encontradas no processo do "luto normal": "O luto normal é o processo pelo qual o indivíduo compreende e aceita a perda do ente querido, adaptando-se à condição de viver sem aquela pessoa" (Franco, 2018, p. 197). De acordo com Worden (2013), o luto normal apresenta algumas características, como algum tipo de perturbação corporal, preocupação com a imagem da pessoa falecida, culpa relacionada com o morto ou com as circunstâncias da morte, reações hostis e inabilidade para desempenhar funções da mesma forma que a anterior à perda. Worden (2013) também lista os principais sentimentos vivenciados pela pessoa enlutada: tristeza, raiva, ansiedade, solidão, fadiga, desamparo, choque, saudade, libertação, alívio e torpor.

Quando estamos diante de uma pessoa enlutada, é frequente a manifestação do sentimento de tristeza que se manifesta pelo choro, um sinal que evoca reações de empatia e proteção dos outros. Não é incomum que a tristeza seja aglutinada ao medo. Também é possível que o enlutado tente impedir a tristeza por meio de ativismo. Nesse movimento, alguns enlutados retornam ao sentimento de tristeza apenas à noite. Hoje sabemos também que a impossibilidade de vivenciar tristeza pode conduzir a um luto complicado. Portanto, diante de uma pessoa que manifeste tristeza na sua fase de luto, devemos acolhê-la e evitar expressões como "vai passar".

Worden (2013) também nos apresenta as sensações físicas associadas com as reações agudas de luto: vazio no estômago, aperto no peito ou na garganta, hipersensibilidade

22. Psicólogos especialistas nas temáticas do luto, sendo ele mexicano e ela brasileira.

a ruídos, falta de ar/dificuldade em respirar, fraqueza muscular, falta de energia e boca seca. Todavia, no estudo feito por Isa Fonnegra de Jaramillo (2006)[23], nenhum médico colombiano que havia atendido a uma pessoa com os sintomas físicos do luto questionou se o paciente estava vivendo um processo de luto. Esse dado nos remete a uma reflexão acerca de haver a tendência de olhar apenas para o lado psicológico nos cuidados de uma pessoa enlutada e de perder de vista as manifestações físicas decorrentes do processo de perdas, ou seja, das pessoas enlutadas. Aqui adotamos a perspectiva de Edgar Morin (1997), segundo a qual somos um ser complexo, biopsicossocial e espiritual, e não podemos ser reduzidos a apenas uma de nossas dimensões. Essa perspectiva precisa ser considerada nas práticas dos agentes da Pastoral da Esperança.

Se a Primeira Guerra Mundial pode ser identificada como uma contingência que potencializou os pioneiros estudos de Freud, podemos afirmar que a pandemia da Covid-19 também pode ser considerada um momento fecundo para o estudo do processo do luto (cf. Pallottino; Kovács; Aceti; Ribeiro, 2022; Paulino; Dumas-Diniz, 2020).

Gabriel e Paulino (2020)[24] descreveram as circunstâncias de impotência, de ausência de controle e medo do desconhecido como potenciais amplificadores das perdas para serem vivenciadas com raiva e revolta. Portanto, durante a pandemia, as pessoas foram surpreendidas por uma perda inesperada, geralmente sem recursos emocionais para gerenciar a própria dor.

Na assistência e no cuidado com a pessoa enlutada, muitos comportamentos são similares tanto para a depressão quanto para o luto. Worden (2013) descreve duas diferenças entre luto e depressão. Os distúrbios do sono, apetite e intensa tristeza são comuns à depressão e ao luto; no entanto, neste último não há perda de autoestima, comumente encontrada na maioria das depressões clínicas. O autor destaca que "a pessoa que teve uma perda não apresenta a menor atenção consigo mesma em função de sua perda, e, se isso acontece, tende a ser por breve período" (Worden, 2013, p. 15). As pessoas deprimidas têm avaliações negativas sobre elas mesmas, sobre o mundo e sobre o futuro. Quando ouvimos uma pessoa enlutada, elas relatam de modos diferentes avaliações sobre o mundo, afirmando que o entendem como pobre e vazio (cf. Freud, 1974).

Se durante a prática o agente de pastoral se depara com um enlutado que demonstra depressão, deve encaminhá-lo para avaliação médica, que provavelmente fará uma

---

23. Psicóloga colombiana considerada uma autoridade latino-americana na gestão do luto e morte de entes queridos.

24. Sofia Gabriel é psicóloga clínica que desenvolve seus trabalhos na cidade de Lisboa; o Professor Mauro Paulino é doutorando em Psicologia na Faculdade de Psicologia e Ciências de Educação na Universidade de Coimbra (Portugal).

intervenção medicamentosa com antidepressivos. Uma vez estabelecida a regulação do humor, o agente de pastoral poderá voltar seu olhar para os conflitos que estão sendo vivenciados pela pessoa enlutada.

Quando se encontra uma pessoa vivendo o processo do luto, podem ser encontradas cinco dimensões normalmente presentes nas suas reações: (a) *Dimensão intelectual do luto*: confusão e desorganização cognitiva, desorientação, negação, problemas na concentração e memória, entre outros; uma pessoa enlutada, após ler um artigo de jornal, é passível de não se lembrar do conteúdo da matéria lida, ilustrando a falta de concentração e de memória do material lido. (b) *Dimensão emocional do luto*: raiva, culpa, choque, medo, solidão, saudade, tristeza, descrença e confusão de sentimentos e emoções; frequentemente, os enlutados verbalizam que o mundo parece vazio de gente, mesmo estando cercados de pessoas, o que denota seu sentimento de solidão. (c) *Dimensão física do luto*: alterações do apetite e do sono, boca seca, dispneia, baixa libido, alterações no peso, mudança no funcionamento intestinal, palpitações cardíacas, visão borrada e outras; a perda de peso pode ser constatada em pessoas enlutadas que perderam o apetite e não receberam atenção para essa vivência; em um manual de etiqueta para enlutados do século XVI, é sugerido que, ao visitar uma pessoa enlutada, seja levado um prato de sopa. (d) *Dimensão espiritual do luto*: ocorrência da perda da fé, raiva de Deus, dor espiritual e questionamento de valores; em particular, nas mortes violentas ou em acidentes, algumas pessoas enlutadas podem questionar por que sua fé não as protegeu de passar por essa dor e frequentemente podem se afastar ou até mesmo abandonar práticas religiosas. (e) *Dimensão social do luto*: perda de habilidade para se relacionar socialmente, perda da identidade, isolamento, afastamento, entre outros; no filme *Reencontrando a felicidade*, a mãe que perdeu um filho se recusa a aceitar convites da vizinha e até mesmo a participar de um grupo de autoajuda porque não quer manter relações interpessoais (cf. Stroebe; Stroebe; Hansson, 1993).

O trabalho da pessoa/família enlutada é a busca pelo ajustamento à realidade após a morte de um dos membros da família. Trata-se de uma tarefa a ser resolvida e elaborada a curto e longo prazos. As variáveis que vão interferir neste processo compõem as condições que precedem, cercam e seguem uma perda significativa:

- As causas e circunstâncias da perda e as oportunidades que se têm para falar sobre o que aconteceu.
- As relações familiares após a perda, especialmente quanto às mudanças de padrão de relacionamento.
- Os padrões de relacionamento da família anteriores à perda (cf. Franco, 2008).

Nunca é demais lembrar que cada luto é um processo único, subjetivo e particular. Não encontramos dois lutos iguais. Mas a literatura apresenta diferentes dados dentro de uma variabilidade de que entre 10 e 20% das pessoas enlutadas não seguem o curso normal da vivência da perda, demandando avaliação clínica (cf. Franco, 2008).

8.2 Fases e tarefas do luto

Um dos autores que elaboraram um modelo explicativo do processo do luto em fases foi o psicanalista britânico John Bowlby (1969). Ele propôs quatro fases do luto que foram amplamente divulgadas: (1) torpor – que pode ser interrompido por explosões de angústia e/ou raiva; (2) saudade – acompanhada de ansiedade, com períodos intermitentes de raiva, que pode durar meses ou anos; (3) desorganização e desespero – inclui sentimento de depressão e apatia; e (4) reorganização – quando o enlutado está se recuperando do luto.

Embora os modelos que propõem estágios ou fases sejam muito divulgados na população em geral, segundo Archer (1999)[25] os estudos longitudinais não apresentam evidências para apoiar essa compreensão. Mais recentemente, Cruz, Reyes e Corona (2017) complementaram que essa compreensão pode gerar expectativas enganosas e generalizadas no enlutado, por fazer crer que exista um único caminho correto para lidar com o luto.

Outras perspectivas para análise e intervenção no processo de luto abandonam o constructo de fases ou estágios e optam pela ideia de tarefas. Entre os autores que adotam a perspectiva de tarefas, destacam-se Rando (1992)[26] e Worden (2013). Rando apresenta uma perspectiva do luto que ficou conhecida como a teoria dos seis erres, quando destacou as necessidades do enlutado:

1. Reconhecer a perda
2. Reagir à separação e dar espaço para a dor e o sofrimento
3. Relembrar e reviver memórias da relação com a pessoa perdida
4. Renunciar à antiga ligação com a pessoa falecida existente antes da morte e ao mundo presumido
5. Reajustar-se ao novo mundo, sem deixar o anterior para trás
6. Reinvestir em novas atividades e relações

25. Psicólogo evolutivo britânico e professor emérito da Universidade de Lancashire Central.

26. Psicóloga clínica americana, renomada pesquisadora e autora reconhecida por suas contribuições significativas no campo do luto e do pesar.

O agente de pastoral terá um trabalho exitoso quando estiver sensível às necessidades do enlutado, no sentido de ajudá-lo a reconhecer a realidade da perda e a não ficar imobilizado com a sua dor, mas a reagir à separação e se permitir entrar em contato com o sofrimento. Esse movimento ajudará a relembrar e a reviver memórias da relação com a pessoa perdida, podendo ou não fazer uso de matérias como cartas ou fotografias, ou ainda eventos relevantes da vida da pessoa morta (formaturas, premiações, primeira comunhão, crisma, casamento, entre outras efemérides), a fim de reposicionar seus afetos em relação à pessoa falecida e renunciar à forma de convivência que existia antes da morte. Essa renúncia permite o reajuste a uma nova realidade sem negar a vida vivida anteriormente. Nessa fase, o enlutado estará apto a recomeçar novas atividades e ampliar suas redes de conexões e relações interpessoais.

Para o nosso objetivo neste capítulo, a ênfase será dada às tarefas específicas para a resolução do luto que foram propostas por Worden na sua obra *Aconselhamento do luto e terapia do luto: um manual para profissionais da saúde mental* (2013). Ele indica quatro tarefas para que o luto possa alcançar a sua superação ou para que o enlutado tenha/viva a resolução do luto: (1) aceitar a realidade da perda; (2) processar a dor do luto; (3) ajustar-se a um mundo sem a pessoa morta; e (4) encontrar conexão duradoura com a pessoa morta em meio ao início de uma nova vida (cf. Worden, 2013).

Tarefa I: aceitar a realidade da perda

Quando alguém morre, frequentemente existe a sensação de que isso não aconteceu. A primeira tarefa do luto, portanto, é encarar a realidade de que a pessoa está morta e não voltará mais. É comum ocorrer a negação da morte, que pode variar de leves distorções até um completo delírio. Como exemplo dessa negação, o enlutado pode continuar se comportando de modo semelhante a como agia antes da perda e negar o significado da perda ("eu não o perdi"), podendo manter os pertences do falecido. Muitos de nós já ouvimos histórias de famílias que optaram por manter o quarto da pessoa morta exatamente como ela o deixou.

É de conhecimento público, por exemplo, a história da Rainha Vitória, que manteve os aposentos do seu falecido esposo da mesma forma por mais de quarenta anos. Segundo os psicólogos Nascimento, Nasser, Amorim e Porto (2015), para resolver essa primeira tarefa é necessária a aceitação intelectual e emocional da perda, considerando que não é suficiente apenas falar que a pessoa está morta, mas também que as emoções facilitam a plena aceitação da informação como verdadeira.

Worden destaca que "chegar à aceitação da realidade da perda leva tempo, pois implica não apenas aplicação intelectual, mas também emocional". Ele também adverte que profissionais pouco experientes não reconhecem essas questões e colocam muita expectativa na mera aceitação intelectual da perda, negligenciando a aceitação emocional (cf. Worden, 2013, p. 23).

Ao acolhermos uma pessoa que está diante desta primeira tarefa do luto, poderemos deparar com uma pessoa que está experimentando crença e descrença ao mesmo tempo em relação à perda e à morte. Por isso, é de fundamental importância a participação nos rituais fúnebres. Aqueles que não comparecem ao enterro ou não visualizaram a pessoa morta podem ter uma sensação de irrealidade, ainda mais se for uma morte súbita ou quando há a inexistência de um corpo. Então, o agente de pastoral pode aconselhar o enlutado a participar de missas de um mês ou um ano de falecimento e também a conversar com outros sobreviventes acerca do sentido experimentado por ocasião do falecimento.

Tarefa II: processar a dor do luto

As pessoas lidam com o sofrimento de maneiras diversas, mas é praticamente inevitável experimentar alguma forma de dor diante de uma perda. Evitar confrontar os sentimentos e pensamentos dolorosos pode resultar em comportamentos de esquiva, como evitar lugares ou situações que evocam lembranças do falecido, reações emocionais intensas, como euforia ou raiva, e tentativas de minimizar a dor. De acordo com Worden, essa dificuldade em lidar com o luto é amplificada quando a sociedade não reconhece ou respeita os sentimentos do enlutado. Além disso, ao descrever as tarefas envolvidas no processo de luto, Worden observa que algumas pessoas que evitam enfrentar o sofrimento tentam encontrar uma solução geográfica, acreditando que mudar de residência ou viajar de um lugar para outro trará alívio emocional, em vez de permitir-se sentir e processar o sofrimento, reconhecendo que eventualmente passará.

Nessa mesma perspectiva de evitar a dor e o sofrimento, Parkes (1998)[27] apresenta dados sobre o uso elevado de substâncias, como o álcool, por pessoas viúvas e chama a atenção para a existência de um grande uso de drogas com o objetivo de aliviar o estresse do luto. Os sedativos noturnos são muito utilizados, como o álcool, por exemplo, que é, com frequência, ingerido para o sono, além de tranquilizantes, que são usados para a ansiedade durante o dia, e as drogas antidepressivas, que também têm sido muito empregadas (cf. Parkes, 1998, p. 223).

---

27. Psiquiatra e pesquisador britânico reconhecido mundialmente como referência no estudo do luto e do pesar e, em especial, das raízes do "luto complicado". No Brasil, sua obra *Luto – Estudo sobre a perda na vida adulta*, publicado ainda nos anos de 1990, é um marco para subsidiar as pesquisas brasileiras.

Quando o sofrimento não pode ser manifestado na comunicação verbal, ele poderá manifestar-se por meio de sintomas físicos. Por isso, se a pessoa evitar ou suprimir a dor, o curso do luto poderá ser prolongado. Quando pensamos no sofrimento presente no processo de luto, predomina a representação de uma pessoa triste. Porém, outras emoções e sentimentos, como ansiedade, raiva, culpa, depressão e solidão, também podem ser experimentados pelos enlutados. Então, nesses casos, o aconselhador pode falar com o enlutado que é comum sentir raiva quando se está passando por esse processo, mas que o sentimento de culpa após uma perda também é comum. Na nossa sociedade, o mais frequente é sentir culpa por não ter proporcionado melhores cuidados médicos ou por ter autorizado uma cirurgia, e, em particular, questionar a qualidade do hospital onde houve o óbito. Por isso, a vivência do afeto é o foco principal da segunda tarefa. A raiva precisa ser direcionada adequadamente, assim como a culpa precisa ser reavaliada e resolvida, ou o enlutado ficará sobrecarregado pelos sentimentos descritos.

Tarefa III: ajustar-se a um mundo sem a pessoa morta

Esta terceira tarefa pode ser realizada com ajustes internos e externos. Quando falamos de ajustes externos, às vezes o enlutado precisa de tempo para descobrir como é viver sem a pessoa morta. Geralmente ocorre de três a quatro meses após a perda e diante das demandas cotidianas da vida: criar filhos, administrar as finanças, realizar compras ou comercializar pertences. Entre os ajustes internos, estão o senso de autoeficácia individual e o ajuste aos papéis anteriormente desempenhados pela pessoa que morreu, sendo que a autoestima é um dos primeiros sentimentos que precisam ser reconstruídos. A tarefa interna para o enlutado é responder a estas perguntas: Quem eu sou agora? Qual é a minha nova identidade? (cf. Worden, 2013).

Novos papéis e novas habilidades, ou até mesmo adquirir novas funções que anteriormente foram desempenhadas pelo falecido, podem ser demandados ao sobrevivente para o seu ajustamento. Segundo Worden, a percepção dos diversos papéis que o morto desempenhava pode levar a um considerável período para que viúvos descubram o que é viver sem seus cônjuges.

Tradicionalmente, muitas mulheres definiam sua identidade por meio do relacionamento e cuidados com os outros. Nesses casos, o luto representa não apenas a perda de alguém significativo, mas também o senso da perda do próprio *self* (expressão que pode ser traduzida pelo entendimento popular do conceito de "eu"). No ajuste interno também podem ser afetadas a autoestima e a autoeficácia, que levam ao sentimento de desamparo, inadequação ou incapacidade. Worden ilustra esse ajuste interno com as tentativas não atingidas de executar os papéis da pessoa que morreu e afirma que isso pode conduzir à redução da autoestima. Quando isso acontece, a eficácia pessoal é desafiada.

O terceiro ajuste externo é denominado "ajuste espiritual", isto é, a percepção de mundo da pessoa. A morte pode abalar princípios e valores e pode mesmo desafiar crenças fundamentais da vida ou crenças filosóficas. Worden afirma que não é incomum que um enlutado sinta que perdeu seu direcionamento na vida. A pessoa enlutada procura um significado na perda e nas mudanças que ocorrem, para que façam sentido e possam recuperar o controle sobre sua vida.

A espiritualidade representa a forma como investimos na vida e que significados atribuímos a ela. Segundo Doka e Martin, citados por Casellato (2018, p. 209), "as crenças espirituais costumam ajudar no enfrentamento da perda, mas ocasionalmente a natureza da perda pode ameaçar os sistemas de crenças e a filosofia prévia do enlutado".

Essa terceira tarefa na resolução do luto nos remete à impossibilidade de uma explicação apenas racional ou objetivista do sentido da vida e da morte. Então, o apoio e a conexão com valores da transcendência podem contribuir de maneira efetiva para o consolo e a reorganização que a vida demanda para ajustar-se ao mundo sem a pessoa morta. Regra geral, o enlutado se pergunta o que acontecerá com a pessoa que faleceu: Será que ela está em um bom lugar? Onde é que ela está? Então, o agente de pastoral poderá descrever, de acordo com a Primeira Carta de São Paulo aos Coríntios, as seguintes palavras: "É algo que olhos jamais viram, que os ouvidos jamais ouviram e que nunca, jamais, algum ser humano pode imaginar". Então, devemos nos dar conta de que a resposta da fé diante da morte é a mensagem de esperança e não de medo. O agente poderá animar perspectivas de fé e esperança e render-se à misericórdia divina.

Tarefa IV: encontrar conexão duradoura com a pessoa morta em meio ao início de uma nova vida

A tarefa não é de ajudar o enlutado a abrir mão de seu relacionamento com a pessoa morta, mas, sim, de achar um lugar apropriado para o morto em sua vida emocional – um local que permitirá que ele siga vivendo no mundo. Worden põe em evidência que para muitas pessoas a tarefa IV é a mais difícil de ser concluída. Os enlutados podem ficar paralisados nesse ponto do processo e no futuro descobrirem que suas vidas, de certa forma, estacionaram quando a perda ocorreu.

Para Torres (2010)[28], o objetivo do processo de aconselhamento do luto "não tem como finalidade esquecer aquele que lhe foi importante, e, sim, tão apenas aprender a viver apesar da perda. Conviver com a ausência e retomar a trajetória da sua vida".

O luto é um processo dual, que oscila entre a experiência de perda e a experiência de restauração da vida. Sendo assim, o agente de pastoral poderá contribuir para que o enlutado busque ativamente novas atividades e interações sociais, demandando uma adaptação a um novo cenário, com outros atores, nem melhores nem piores, apenas diferentes. O luto é um solo fértil para encontrar novas estratégias de lidar com perdas que são inevitáveis e retornar a uma vida com sentido. Esquivar-se da dor ou fingir que ela não existe é pura perda de tempo; então, acolher a dor e relocar o morto no nosso lado interno aliviará os sintomas de dor e desespero. Caso isso não ocorra, poderemos evoluir para o luto complicado.

Considerações finais

Quando nos ocupamos de colaborar com outro ser humano para suportar, manejar e seguir adiante apesar do luto, precisamos nos preparar em diferentes frentes. A primeira talvez possa ser o autocuidado. Pensem em uma situação em que se faça necessário colocar primeiro em si a máscara de oxigênio para depois ajudar crianças ou idosos durante um voo diante de uma turbulência. Franco (2021) nos apresenta o autocuidado como um imperativo ético. Todos sabem o que é a palavra ética, mas poucos se atrevem a defini-la. Para Aristóteles (filósofo grego), ética significa "o bem". Nesse sentido, um profissional da saúde ou um agente de pastoral que acolha a missão de contribuir para a resolução do luto deveria primeiramente se questionar como sua biografia tem colaborado para vivências de perdas e luto, a fim de desenvolver, assim, a empatia com os enlutados e respeitar a subjetividade e as particularidades de cada estratégia vivenciada pelas pessoas.

Sempre que cuidamos de outra pessoa é possível que sintamos o sofrimento dela, e isso pode afetar nosso próprio bem-estar. Portanto, os cuidadores, sejam profissionais, voluntários ou pastoralistas, devem estar atentos aos sinais de esgotamento e ao desenvolvimento do estresse e da Síndrome de *Burnout*. Uma estratégia fundamental de autocuidado é reconhecer e evitar identificar-se excessivamente com as experiências de perda dos outros. Por exemplo, se uma mãe perdeu um filho e está apoiando outra mãe que também perdeu um filho, é importante que ela esteja atenta às suas próprias emoções, para não confundir suas próprias vivências com as da outra mãe.

---

28. Psicoterapeuta analítico-comportamental na cidade de Londrina, Paraná, especialista na temática do luto. Muitas contribuições da Professora Nione Torres estão disponíveis no YouTube como "O luto humano como processo e a trajetória para o adeus".

Ainda em relação ao autocuidado, Worden sugere três diretrizes ao conselheiro (psicoterapeuta, sacerdote, pastor, pastoralista e profissionais da saúde):

Diretrizes de Worden ao autocuidado

Primeira

A primeira diretriz faz referência ao *conhecimento das próprias limitações pessoais*. A implicação desse conhecimento é reconhecer seus próprios limites e algumas características de temperamento, como a impaciência, por exemplo, tendo em vista que uma pessoa enlutada pode apresentar dificuldades na compreensão do que está sendo proposto. Procure analisar seus sentimentos após um encontro com um enlutado e perceber o quanto a dor e o sofrimento daquela pessoa impactou você. Se você ficou totalmente indiferente, é possível que esteja sob o controle do mecanismo de negação, mas, se você se identificou excessivamente e tomou para si a dor alheia, seria interessante compartilhar essas vivências com companheiros mais experientes ou mesmo com coordenadores da pastoral.

Segunda

A segunda diretriz faz referência à *prevenção da Síndrome de "Burnout"*[29]. Nessa direção, o pesquisador sugere que o conselheiro passe pelo período ativo do luto (fase que vai do momento do óbito e de sua comunicação até a elaboração dele) e se permita experimentar tristeza ou outros sentimentos após a morte de alguém, para não se sentir culpado se não vivenciar o luto da mesma forma em cada morte. O agente de pastoral pode ter ações de prevenção à Síndrome de *Burnout* ao procurar ter uma vida particular saudável e satisfatória.

Terceira

A terceira diretriz afirma que *o conselheiro deve saber buscar ajuda ou reconhecer uma fonte para o seu próprio suporte*. Essa ação de pedido de ajuda pode ser realizada com uma pessoa de confiança e com mais experiência ou com um coordenador ou sacerdote da sua paróquia.

29. Palavra composta de duas expressões em inglês, *to burn*, que significa "queimar", e *out*, que significa "para fora". Essa foi a condição que levou um psiquiatra a comparar a vivência de esgotamento a um vulcão, que, no começo da atividade, é cheio de calor e lavas, e, depois, tudo vira cinzas. Na legislação brasileira o termo *burnout* é traduzido por "sentir-se acabado".

Em geral, as pessoas no seu dia a dia não pensam na finitude e, quando vivem uma experiência de amor, é menor ainda a probabilidade de que se deem conta de que o amor e a perda são duas faces da mesma moeda. Por isso, o pastoralista deveria conhecer profundamente a passagem de Jo 11,25, que diz: "Quem crê em mim, ainda que tenha morrido, viverá". Com esse argumento é possível acompanhar o enlutado ou a enlutada testemunhando o sentido de vivermos plenamente cada dia e a certeza de que a sabedoria que vem da Bíblia nos apresenta um Deus que nos criou por amor e nos fez de tal maneira que a nossa vida não termina com a morte.

Mas sabemos que a vida é transitória e que, mais cedo ou mais tarde, um de nossos entes queridos não estará mais fisicamente conosco. E é isso que nos ensina Colin Parkes:

> É a transitoriedade da vida que engrandece o amor. Quanto maior o risco, mais forte se torna o vínculo. Para a maioria de nós, o fato de que um dia perderemos as pessoas que amamos, e elas a nós, nos aproxima delas, mas se torna uma campainha silenciosa que nos desperta no meio da noite (Parkes, 2009, p. 11).

Ocupar-se de uma pessoa com profundo sofrimento também pode nos impactar. Por isso, precisamos estar atentos ao nosso próprio bem-estar e à nossa saúde mental. Um dos fatores de risco bastante conhecido no cuidado do outro é a fadiga por compaixão. Como o nome diz, essa vivência é caracterizada por fadiga física e emocional, resultante do contato contínuo com pessoas que estão em sofrimento. Pode ocorrer quando não se consegue mais lidar de maneira saudável ou confortável com sentimentos negativos provenientes do sofrimento das pessoas que acompanhamos ou assistimos. Não existe uma blindagem emocional. Por isso, convém que aquela pessoa que cuida das demais observe seus próprios horários de sono, de alimentação, bem como a prática de retiros para nutrir-se na fé e no compromisso com aqueles que sofrem e que necessitam de proteção e acolhimento.

Finalmente, compartilhamos a indicação de algumas obras, de fácil acesso e compreensão, que podem aumentar o repertório do conhecimento da dimensão espiritual no cuidado do enlutado, especialmente se este for cristão: Westberg (2011), Blank (2012), Silveira (2014), Monbourquette (2016), Estévez (2019), Schmitt (2019), Prevedello (2021), Silva e Teixeira (2021). Como já afirmado anteriormente, apenas a dimensão cognitiva ou intelectual não é suficiente para que o enlutado reconheça sua perda. É verdade também que o cuidador demanda amor e compaixão, pois sem esses recursos emocionais a tarefa pode não alcançar o seu objetivo.

Referências

ANDRADE, C. D. *Lição de coisas*. São Paulo: Companhia das Letras, 2012.

ARCHER, J. *The nature of grief*: the evolution and psychology of reactions to loss. Taylor & Frencis/Routledge, 1999. Disponível em: https://doi.org/10.4324/9780203360651 – Acesso em: 10 nov. 2023.

BLANK, R. J. *Consolo para quem está de luto*. 4. ed. São Paulo: Paulinas, 2012.

CASELLATO, G. Luto não autorizado. In: FUKUMITSU, K. O. (org.). *Vida, morte e luto*: atualidades brasileiras. São Paulo: Summus, 2018. p. 207-215.

CRUZ-GAITÁN, J. I.; REYES, O. M.; CORONA, C. R. I. *Duelo*: tratamiento basado en la terapia de aceptación y compromiso (ACT). México: Manual Moderno, 2017.

ESTÉVEZ, J. C. M. *A vida não é tirada, mas transformada*: o sentido cristão da oração pelos falecidos. Brasília: CNBB, 2019.

FRANCO, M. H. P. Trabalho com pessoas enlutadas. In: CARVALHO, V. A.; FRANCO, M. H. P.; KOVACS, M. J. et. al. (org.). *Temas em psico-oncologia*. São Paulo: Summus, 2008. p. 398-402.

FREUD, S. Luto e melancolia. In: *Edição standard brasileira das obras completas de S. Freud*. Rio de Janeiro: Imago, 1974.

FUKUMITSU, K. O. (org.). *O luto no século XXI*: uma compreensão abrangente do luto. São Paulo: Summus, 2021.

GABRIEL, S.; PAULINO, M. Processo de luto: viver a perda em tempos de pandemia. In: PAULINO, M.; DUMAS-DINIZ, R. (coord.). *A psicologia da pandemia*: compreender e enfrentar a Covid-19. Lisboa: Pactor, 2020.

JARAMILLO, I. F. *Morrer bem*. São Paulo: Planeta Editora, 2006.

KOVACS, M. J. et. al. (org.). Pesquisas e práticas sobre o luto no exterior e no Brasil. In: FUKUMITSU, K. O. (org.). *Vida, morte e luto*: atualidades brasileiras. São Paulo: Summus, 2018.

MONBOURQUETTE, J. *Amar, perder e crescer*: a arte de transformar uma perda em ganho. 14. ed. São Paulo: Paulus, 2016.

MORIN, E. *O homem e a morte*. Rio de Janeiro: Imago, 1997.

NASCIMENTO, D. C. et al. Luto: uma perspectiva da Terapia Analítico Comportamental. *Psicologia do Argumento*, v. 33, n. 83, p. 446-458, 2015.

PALLOTINO, E. R. et al. *Luto e saúde mental na pandemia da Covid-19*: cuidados e reflexões. Novo Hamburgo: Sinopsys, 2022.

PARKES, C. M. M. *Luto*: estudos sobre a perda na vida adulta. São Paulo: Summus, 1998.

PARKES, C. M. *Amor e perda*: as raízes do luto e suas complicações. São Paulo: Summus, 2009.

PAULINO, M.; DUMAS-DINIZ, R. (coord.). *A psicologia da pandemia*: compreender e enfrentar a Covid-19. Lisboa: Pactor, 2020.

PREVEDELLO, A. *A graça de recomeçar*: quinze palavras para renascer da dor do luto. São Paulo: Paulinas, 2021.

RANDO, T. The increasing prevalance o complicated grief. *Omega*, 26, p. 43-59, 1992.

SCHMITT, C. A. *Uma palavra de conforto*. 19. ed. São Paulo: Paulinas, 2019.

SILVA, A. W. C.; TEIXEIRA, C. *Morte, onde está tua vitória?* A ação salvadora de Deus. Aparecida: Santuário, 2021.

SILVEIRA, M. R. *Superar a dor do luto.* São Paulo: Paulinas, 2014.

STROEBE, M.; STROEBE, W.; HANSSON, R. *Handbook of bereavement*: theory, research and intervention. Cambridge: Cambridge University Press, 1993.

TORRES, N. Luto: a dor que se perde com o tempo (... ou não se perde?). In: GARCIA, M. R.; ABREU, P. R.; CILLO, E. N.; FALEIROS, P. B.; PIAZZON, P. (org.). *Sobre comportamento e cognição*: terapia comportamental e cognitiva. Santo André: ESETec Editores Associados, 2010. v. 27, p. 385-393.

WESTBERG, G. E. *Perdas & luto*: como encontrar serenidade nas grandes provações da vida. Petrópolis: Vozes, 2011.

WORDEN, J. W. *Aconselhamento do luto e terapia do luto*: um manual para profissionais da saúde mental. 4. ed. São Paulo: Roca, 2013.

EDITORA VOZES LTDA.
Rua Frei Luís, 100 – Centro – Cep 25689-900 – Petrópolis, RJ
Tel.: (24) 2233-9000 – E-mail: vendas@vozes.com.br